名师名校名校长

凝聚名师共识
回应名师关怀
打造名师品牌
培育名师群体
顾明远题

基于核心素养的

爱国主义

体验课程实践研究

——以地理等学科教学为例

温安武 著

北京出版集团
北京教育出版社

图书在版编目（CIP）数据

基于核心素养的爱国主义体验课程实践研究：以地理等学科教学为例 / 温安武著. -- 北京：北京教育出版社，2024.4

ISBN 978-7-5704-6410-4

Ⅰ.①基… Ⅱ.①温… Ⅲ.①中学地理课—教学研究

Ⅳ.①G633.552

中国国家版本馆CIP数据核字（2024）第077021号

基于核心素养的爱国主义体验课程实践研究：
以地理等学科教学为例

温安武 著

*

北 京 出 版 集 团
北 京 教 育 出 版 社 出版

（北京北三环中路6号）

邮政编码：100120

网址：www.bph.com.cn

京版北教文化传媒股份有限公司总发行

全国各地书店经销

北京九州迅驰传媒文化有限公司印刷

*

710 mm × 1 000 mm　16开本　13.125印张　210千字

2024 年 4 月第 1 版　2024 年 4 月第 1 次印刷

ISBN 978-7-5704-6410-4

定价：58.00 元

质量监督电话：（010）58572525　58572393

序言

　　本书按地理学科核心素养明确提出人地协调、综合思维、区域认知和地理实践力，每个素养都与学生爱国主义情感、态度和价值观的培养密切相关。人地协调，强调培养学生对人与自然、人与社会的关系的认知和理解，建立人与自然环境、人文环境和谐相处、互融共生、共同发展的关系，使学生学会认识地球环境、保护自然环境和合理利用自然资源。综合思维素养的训练需要通过多学科融合的实践体验课程来更好地实现，而综合实践正是开展爱国主义体验课程的重要方式，因此，在学科体验课程中充分运用了综合思维训练的策略，以深化对学生爱国主义情怀的滋养和培育，从而实现地理素养与爱国主义思想教育的有机统一。区域认知素养培养学生学会了解本地地理景观、人文景观、民俗风情，培养其爱国爱家、热爱祖国大好河山和灿烂文化的精神，进而培养热爱祖国人民的深厚情感与思想观念。地理实践力素养，引导学生在跨学科跨媒介的综合学习实践中培养综合素养，特别是实践创新能力，达到"学以致用、学用结合"的新课程教学理念的要求。由此可见，爱国主义的四个维度——"爱人民""爱祖国大好河山""爱祖国灿烂文化""爱国爱家"，都与地理学科的四大核心素养具有非常密切的关系。因此，虽然综合实践体验课程包含了多个学科内容，但是都离不开地理学科内容的融合。基于这些认识，我们以地理等学科教学为例开展的爱国主义体验课程的系列探索具有很强的内在逻辑联系，而地理学科核心素养则或明或暗、或主或次地贯穿于这些体验课程训练中。鉴于爱国主义教育与地理学科的密切关系，下面以地理美学方面的内容作为本书的代序。

　　地理科学是一门研究人地关系的科学，地理课程核心素养的根基是人地协调观，这两个概念反映出地理学的研究对象是世界万物，关注点是人对万物的认知，由此衍射出地理学另一个独特的领域——地理美学。

大千世界，万物皆美，地理科学，同样美不胜收，蕴藏着无穷的哲学魅力。"白日依山尽，黄河入海流"描写了黄河落日的壮丽之美；"造化钟神秀，阴阳割昏晓"呈现了五岳之尊泰山的磅礴之美；"几处早莺争暖树，谁家新燕啄春泥"吟唱出西湖边万物复苏、莺歌燕舞的春天之美；"大漠孤烟直，长河落日圆"描绘了大漠戈壁、绿洲江河的雄浑之美；"月有阴晴圆缺，人有悲欢离合"流露出岁月更替、人生多变的人文之美；"落霞与孤鹜齐飞，秋水共长天一色"展现了赣江夕阳下的色彩之美。

天地万物和人类，构成地理学科的立体美学空间，而研究地球表层现象、人类活动以及二者相互关系的地理学，就蕴含着地球万物和人类精神相互依存、互为因果、交融共生的哲学之美、思想之美和精神之美。从人类对宇宙万物的审美价值思考出发，我们深刻认识到，地理学研究的物象、人文和共融，反映出地理世界的三重美学境界，简称为地理哲学"三美"，即第一境界地理形美、第二境界地理神美和第三境界地理魂美。

地理形美

从地理学研究的对象看，地表万物、现象和人类活动，呈现出来的外在之美、形式之美，就是地理学的形美，它是地理美学的第一重境界。具体来说，这种形美表现为自然之美、现象之美。大自然万千美象，各美其美，令人目不暇接。这是大自然对人类的慷慨馈赠，也是人类赖以生存、延续和发展的富饶资源。学会发现、欣赏和呈现大自然的美学现象，是对地球万物的理解、尊重和敬畏，也是建构地理美学体系的基础和起点。

地理物象形美表现各异，姿态万千，色彩丰富。

一是自然风光美不胜收。日月星辰，装点天穹；奇山异水，遍地锦绣；江河湖海，流光溢彩；动物植被，生机盎然；春夏秋冬，岁月更替……看山，有华山之险、衡山之秀、黄山之奇；观水，有长江的壮阔之美、黄河的雄浑之美和松花江的冰雪之美。大自然将她的迷人风姿尽情展现，千秋万代，生生不息。

二是人文景观底蕴深厚，耐人寻味。"不到长城非好汉"的万里长城，展现了人们对伟大建筑工程的向往；千古一帝秦始皇陵墓的遗址——秦始皇陵和兵马俑，承载着丰厚的历史，展现着中国古代灿烂的文化美；世界文化遗产都江堰，使成都平原成为沃野千里的"天府之国"；等等。人文景观、建筑文化与历史底蕴融为一体，更加增添了地理美学形美的丰富内涵，成为地理美的坚实基础。

地理神美

地理美学内涵的第二重境界就是神美，神美蕴藏在地理万物的形美之中，需要深入探究、发现和揭示，彰显其华美外在形式中的原理、规律和秩序。"万物生长靠太阳，雨露滋润禾苗壮"就是这种神美的表现之一。因为这种物象内在的原理、规律以及内在联系，展现了地理事物的原理美和秩序美，换句话说，地理神美的境界比形美的更高。

首先是原理之美。板块漂移、地壳内力构造、外力侵蚀的原理，最终形成了高原、平原、山地、丘陵等，是大自然千姿百态的形美的源头；流水沉积作用，形成冲积平原、河口三角洲、冲积扇等；风力作用，形成洼地、沟谷、蘑菇地形、裸岩荒漠等奇形怪状的地貌景观；冰川作用，形成冰斗、角峰、冰川谷等地形风光。

其次是秩序之美，它反映了世界万物的自然规律，展现了世界的秩序之美。四季轮回、花开花谢、雨带推移、山河格局、区域差异、空间分布等，都具有地理学内在的规律和秩序，这就是地理规律和秩序之美。"一花独放不是春，万紫千红春满园"，是春天进程之美；"飞流直下三千尺，疑是银河落九天"，是地势差异之美；"沉舟侧畔千帆过，病树前头万木春"，是生命更替之美；"朝辞白帝彩云间，千里江陵一日还"，是江河奔流的速度之美。

撩开物象外在形态之美的面纱，发掘万物内在科学原理和规律秩序之美，就获得了地理学的神美享受，增强了对地理美学的探索欲望和美好向往。

地理魂美

地理学研究的世界万物具有逐层递进的美学价值，从第一境界的形美，即自然之美和外在之美，上升到第二境界的神美，即科学原理美和规律秩序美，最终升华到第三境界——魂美。所谓魂美，就是地理学的研究对象——人与自然、人与社会和谐统一，相互关联、依存、促进，高度融合共生的理想境界。魂美的具体表现，就是地理事物承载的人文精神之美、生命力量之美以及人与自然的和谐之美。

人文精神之美。地理学要求给予人类和其他生命更多的人文关照，促进人的情感、态度和价值观的培养和发展，使其形成正确的世界观、人生观、人口观、种族观、环境观和资源观等，强化国家意识，培养爱国主义情愫，深刻理解世界不同地域的地理现象和特征，理解不同人种、民族的文化、价值观和生活方式，培养人对多元化和多样性文化的兼收和包容，从而实现资源流通、文化交流、环境共建、人文相融，彰显地理学人文精神的光辉。

生命力量之美。地理物象都是有生命的。古老的化石深藏生命的记忆，自然生态是孕育和发展生命的摇篮，万物皆有生命。因此，地理学最高的美学境界，就是要尊重生命、敬畏生命，善待世界万物，教会人们热爱自然、保护环境，让地理资源成为人类发展的生命之源，让人与自然界成为彼此的生命力量。

人与自然的和谐之美。地理学研究人与自然的相处之道，要建立人类与自然环境平等、合理、和谐共生的关系，人类凭借地理资源让生活更加美好，自然万物因为人类的呵护变得更加友善可爱，最终实现人地协调发展。这正是古人所说的"天人合一"的最高理想境界。人地协调，和谐共生，就是地理学最高的美学追求——魂美！

　　地理美学的三重境界，是我们学习知识、思考问题的三把钥匙，让我们逐一开启自然和人文世界的三扇大门，在感悟地理美、享受地理美的过程中，增强可持续发展的地理力量。

温安武

目 录

第一章

爱国主义体验
课程的背景

党的十八大以来，习近平总书记提出"不忘初心，牢记使命"这一重大政治命题，并对党的初心使命进行多次深刻阐释，形成了关于"不忘初心，牢记使命"的重要论述。我们党的初心使命就是"为中国人民谋幸福，为中华民族谋复兴"，在教育领域具体表现为"为党育人，为国育才"。教育发展是民族振兴、社会进步的重要基石。在《义务教育地理课程标准（2022年版）》（以下简称"义务教育新课程标准"）颁布和施行之际，教育践行"为党育人，为国育才"的初心使命，须着眼爱国主义教育，突出传承红色基因，注重用好身边的红色资源，融合学科教学，以核心素养为导向，以综合实践体验课程建构为载体，将义务教育新课程标准的理念和爱国主义教育有机结合，充分发挥学科课程的育人功能。

第一节　义务教育新课程标准的价值取向

习近平总书记多次强调，课程教材要发挥培根铸魂、启智增慧的作用，就必须体现中国和中华民族的风格，体现党和国家对教育的基本要求，体现国家和民族的基本价值观，体现人类文化知识积累和创新成果。《义务教育地理课程标准（2011年版）》就已经提出了先进的教育理念，强调"培养什么人、怎样培养人、为谁培养人"。立德树人成为基础教育的核心任务和价值追求。具体来说，就是教育要聚焦中国学生核心素养发展，培养学生适应未来发展的正确价值观、必备品格和关键能力。

为此，义务教育新课程标准强调要坚持三个导向。

一是要坚持目标导向。着力培养有理想、有本领、有担当的社会主义时代新人，着重培养学生的文化自信和民族自豪感，将社会主义革命文化、中华优秀传统文化和先进文化融入教育教学过程中，充分发挥课程育人功能。

二是要坚持问题导向。针对课程中的实际问题，充分遵循中学生身心发展规律，精选对学生终身发展有价值的课程内容，细化育人目标，建立育人课程体系，建构分层次、立体化、实践性、体验式创新育人课程，以促进学生价值观的培养和发展。

三是要坚持创新导向。要借鉴先进教育经验，进一步深化课程改革创新，构建具有创新特色的育人课程思路和策略，体现课程的综合性、实践性和体验性，推动育人方式变革，让学生参与、体验，在实践中发展学科核心素养，并充分彰显学生的富有主体性的，个性化、多样化的，重视体验感的课程学习特点，增强课程的适宜性，体现课程学习的区情、校情和学情。

义务教育课程标准从以下三个方面强调了以核心素养为导向、以爱国主义为主题的综合实践体验课程理念追求。

在培养目标上，要培养有理想、有本领、有担当的时代新人，就是要将学生培养成有为国争光的理想情怀、有为国奉献的实践本领、有为国家服务的社会责任感和担当的新时代人才。

在课程设置上，强调优化课程内容体系，明确提出了"科学、综合实践活动起始年级提前至一年级"，开发基于核心素养的爱国主义体验课程，成为课程优化设置的重要内容之一。

在实施要求上，明确了学校课程实施职责，对教科研提出了具体细化的目标任务和要求，为学校开展育人综合实践体验式课程提供了政策依据和评价标准，为学校探索基于核心素养的爱国主义体验课程打开了创新空间，起到了方向引领作用。

义务教育课程标准的编制，也突显了多层次、多角度的课程价值导向。一是突出课程的育人导向，特别是要结合校本课程建设，建构具有创新特色的综合实践课程活动。二是课程内容优化设计，注重跨学科、跨媒介综合性学习，带动课程综合化实施，强化实践性特点。三是增强课程指导性，强调"教、学、评一体化"，突出"怎么教""怎么做"，让学生在实践和体验中成长。四是加强了课程学习的情境化、实践性和综合性，对学校开展体验式课程实践研究具有重要指导意义。

义务教育课程设置的基本原则，从多个角度概括了校本课程实践探索的意义。五个原则依次是：坚持全面发展，育人为本；坚持面向全体学生，因材施教；坚持聚焦核心素养，面向未来；坚持加强课程整合，注重关联；坚持变革育人方式，突出实践。

综合分析可见，课程设置突显几个特点：育人性、个性化、素养化、整合性和实践性。这些原则应该成为学校开展校本课程建构的方向和原则以及学校教学科研的重要思路和方向。

我校开展的"基于核心素养的爱国主义体验课程实践研究"全面贯彻和体现了上述新课程设置的五个特征，是义务教育对新课程标准的有效实践和探索，具有鲜明的实践价值和理论导向。

综合以上阐释，开展"基于核心素养的爱国主义体验课程实践研究"，是践行义务教育新课程标准的重要科研行动，体现了课程方案的理念追求、课程标准编制的价值导向、课程设置原则的意义承载。

深入开展以发展学生核心素养、培养爱国主义精神为导向和理念追求的综合实践课程探索，正是全面落实义务教育新课程标准的科研策略和教学行动策略，全面体现了新课改的价值取向和追求。

第二节　学科核心素养的内涵与导向

学科核心素养是建立在"核心素养"基础上的概念。要了解学科核心素养，首先要了解什么是"核心素养"。"核心素养"是人适合信息时代和知识社会的需要，解决复杂问题和适应不可预测情境的高级能力和人性水平。核心素养是"基本技能"的发展与进阶，其核心是创造性思维水平和复杂交往水平。核心素养具有时代性、综合性、跨领域性与复杂性。

一、厘清素养与核心素养的关系，理解学科核心素养内涵

（一）素养与知识的关系

素养并非知识，知识的积累也不一定能带来素养的发展，但是，素养与知识关系密切，没有知识，素养就是无源之水、无本之木。要形成素养，就必须让知识成为学习探究的对象和学习过程中的资源。同时，在学习知识的过程中，还要充分尊重学生个体在学习过程中所产生的思想或经验，这是提升学生素养的前提，更重要的是让学生转变学习方式，进行自主、合作、探究性学习，开展深度学习等，最终促进素养的形成。

（二）素养与情境的关系

学生素养的培养和提升与情境密不可分。因为素养的培养和能力的发展以及情感态度、价值观的形成，都要依靠真实的生活情境。同时，信息时代，知识逐渐情境化，生活与工作的情境也不断丰富变化，因此，只有将知识与生活情境融合，让学习的过程变得更有意义和深度，才能有效促进学生

素养的形成与提升。而核心素养的培养与提升，还要注重虚拟环境对教育和学生成长的作用与影响。学校教育只有正视素养与情境的关系，才能更好地培养和提升学生核心素养。

（三）素养与表现的关系

了解素养与表现的关系是培养和提升核心素养的关键。首先，素养是一种将知识与技能、认知与情感、创造性与道德品质融为一体的综合表现。其次，素养是表现的基础和源泉，素养能够被直接观察和感受。最后，学生的表现反过来又能促进其素养的发展和提升。当然，一种素养可能有多种复杂的表现，即学生素养具有表现的复杂性。

（四）核心素养与基本技能的关系

"基本技能"与"基本知识"（"双基"）不是一成不变的，而是不断丰富充实和发展的。在信息化高速发展的今天，数字素养、批判性思维、创造能力、交往能力、合作能力等"核心素养"逐渐成为学生的关键"基本技能"，而信息科技等新的知识也在不断丰富"基本知识"的内涵。可见，核心素养与传统"双基"构成了相互包含、融合和超越的关系。核心素养本质上是解决真实情境中复杂问题的综合能力。因此，只有让学生置身真实问题情境，尝试解决真实而复杂的问题，才能培养和提升其核心素养。基于核心素养的课程，是建立在基础知识、基本技能的培养和发展基础之上的。

二、理解学科核心素养内涵的教学价值

概言之，学科核心素养是综合了学科知识、基本技能、思维方式和品行价值的综合素质，它立足于不同学科的知识和思维，是培养创新型人才的依据和基础，也是培养全面发展的学生的重要保障。

第一，学科核心素养的培养和发展要与学科知识的学习相结合。学生只有深入学习学科课程，才能不断提升自己的基础知识和基本技能，让自己的学科核心素养在"随风潜入夜，润物细无声"的过程中得到培养、发展和提升。学生要学习在实践中、在真实情境中解决实际问题，从而掌握学科知识，提高学

习能力，培养自主学习的意识，进而提升自己的学科核心素养。

第二，培养和发展学科核心素养应建立技能培养体系。学生在课程学习过程中，可以结合真实情境和实践教学，开展形式多样的自主、合作或探究性学习，从而熟练掌握学科课程的基本知识、基本技能，培养关键能力和必备品格。

第三，培养和发展学科核心素养应该建立学科思维方式训练体系。不同学科的课程知识体系和技能体系，具有各自的独特性和科学性，因此，培养学生的学科思维品质、思维方式和思维能力，培养学生独立思考、解决问题的实践能力，使学生善于运用学科思维方式，将课程学习与学科实践活动融会贯通，可以提升其学科核心素养。

第四，培养和发展学科核心素养要建立品行价值体系。建构文化底蕴培育系统，培养学生形成正确的世界观、人生观和价值观，养成良好的思想和行为习惯，形成社会责任感、爱国主义意识和尊重关爱他人的价值观念，形成健康、勤俭、谦虚谨慎、勤奋求实、好学上进等优良品质。

概括起来，形成学科核心素养的要求是，具备坚实的学科知识基础、参与实践活动的能力、有效运用思维方法的能力，以及形成正确的价值观念。

学科核心素养的内涵具有共同的特征，包括核心知识、核心能力、核心品质等，但不是它们的简单叠加，而是综合的体现。

三、学科核心素养的内涵与中学生六大核心素养的关系

学科核心素养是将中学生核心素养与学科特点融合提炼形成的。探讨学科核心素养的内涵和导向，有必要先明确国家发布的中学生核心素养的内涵。

（一）核心素养的内涵

1. 文化基础

文化是人存在的根和魂。文化基础，重在强调能习得人文、科学等各领域的知识和技能，掌握和运用人类优秀智慧成果，涵养内在精神，追求真善美的统一，发展成为有宽厚文化基础、有更高精神追求的人。文化基础从一定意义上讲就是实现人全面发展的人文底蕴。

人文底蕴：主要是学生在学习、理解、运用人文领域知识和技能等方面的基本能力、情感态度和价值取向，具体包括人文积淀、人文情怀和审美情趣等基本要点。

科学精神：主要是学生在学习、理解、运用科学知识和技能等方面的价值标准、思维方式和行为表现，具体包括理性思维、批判质疑、勇于探究等基本要点。

2. 自主发展

自主性是人作为学习主体的根本属性。自主发展，重在强调能有效管理自己的学习和生活，认识和发现自我价值，发掘自身潜力，有效应对复杂多变的环境，成就出彩人生，发展成为有明确人生方向、有生活品质的人。

自主发展主要表现在以下两个方面。

学会学习：主要是学生在学习意识形成、学习方式方法选择、学习进程评估调控等方面的综合表现，具体包括乐学善学、勤于反思、信息意识等基本要点。

健康生活：主要是学生在认识自我、发展身心、规划人生等方面的综合表现，具体包括珍爱生命、健全人格、自我管理等基本要点。

3. 社会参与

社会性是人的本质属性。社会参与，重在强调能处理好自我与社会的关系，遵守道德准则和行为规范，增强社会责任感，提升创新精神和实践能力，促进个人价值实现，推动社会发展进步，成为有理想信念、敢于担当的人。

社会参与旨在培养学生以下两个方面的能力。

责任担当：主要是学生在处理自己与社会、国家、国际等方面的关系的过程中形成的情感态度、价值取向和行为方式，具体包括社会责任、国家认同、国际理解等基本要点。

实践创新：主要是学生在日常活动、问题解决、适应挑战等方面形成的实践能力、创新意识和行为表现，具体包括劳动意识、问题解决、技术应用等基本要点。

（二）核心素养的具体内容和表现

1. 文化基础

（1）人文底蕴

要培养学生发展核心素养的文化基础，就要深知中华优秀传统文化的核心之所在，从一定意义上讲，文化基础是实现人的全面发展的人文底蕴。

人文底蕴，包括人文积淀、人文情怀、审美情趣等。

人文积淀：具有古今中外人文领域基本知识和成果的积累；能理解和掌握人文思想中所蕴含的认识方法和实践方法等。

人文情怀：具有以人为本的意识，尊重、维护人的尊严和价值；能关切人的生存、发展和幸福等。

审美情趣：具有艺术知识、技能与方法的积累；能理解和尊重文化艺术的多样性，具有发现、感知、欣赏、评价美的意识和基本能力；具有健康的审美价值取向；具有艺术表达和创意表现的兴趣和意识，能在生活中拓展和升华美等。

（2）科学精神

科学精神包括理性思维、批判质疑、勇于探究等。

理性思维：崇尚真知，能理解和掌握基本的科学原理和方法；尊重事实和证据，有实证意识和严谨的求知态度；逻辑清晰，能运用科学的思维方式认识事物、解决问题、指导行为等。

批判质疑：具有问题意识；能独立思考、独立判断；思维缜密，能多角度、辩证地分析问题，做出选择和决定等。

勇于探究：具有好奇心和想象力；能不畏困难，有坚持不懈的探索精神；能大胆尝试，积极寻求有效的问题解决方法等。

2. 自主发展

（1）学会学习

学会学习，包括乐学善学、勤于反思、信息意识等。

乐学善学：能正确认识和理解学习的价值，具有积极的学习态度和浓厚的学习兴趣；能养成良好的学习习惯，掌握适合自身的学习方法；能自主学习，具有终身学习的意识和能力等。

勤于反思：具有对自己的学习状态进行审视的意识和习惯，善于总结经验；能够根据不同情境和自身实际，选择或调整学习策略和方法等。

信息意识：能自觉、有效地获取、评估、鉴别、使用信息；具有数字化生存能力，能主动适应"互联网+"等社会信息化发展趋势；具有网络伦理道德与信息安全意识等。

（2）健康生活

健康生活包括珍爱生命、健全人格、自我管理等。

珍爱生命：理解生命意义和人生价值；具有安全意识与自我保护能力；掌握适合自身的运动方法和技能，养成健康文明的行为习惯和生活方式等。

健全人格：具有积极的心理品质，自信自爱，坚韧乐观；有自制力，能调节和管理自己的情绪，具有抗挫折能力等。

自我管理：能正确认识与评估自我；依据自身个性和潜质选择适合的发展方向；合理分配和使用时间与精力；具有达成目标的持续行动力等。

3. 社会参与

（1）责任担当

责任担当，包括社会责任、国家认同、国际理解等。

社会责任：自尊自律，文明礼貌，诚信友善，宽和待人；孝亲敬长，有感恩之心；热心公益和志愿服务，敬业奉献，具有团队意识和互助精神；能主动作为，履职尽责，对自我和他人负责；能明辨是非，具有规则与法治意识，积极履行公民义务，理性行使公民权利；崇尚自由平等，能维护社会公平正义；热爱并尊重自然，了解绿色生活方式和可持续发展理念，并付诸行动等。

国家认同：具有国家意识，了解国情、历史，认同国民身份，能自觉捍卫国家主权、尊严和利益；具有文化自信，尊重中华民族的优秀文明成果，能传播弘扬中华优秀传统文化和社会主义先进文化；了解中国共产党的历史和光荣传统，具有热爱党、拥护党的意识和行动；理解、接受并自觉践行社会主义核心价值观，具有中国特色社会主义共同理想，有为实现中华民族伟大复兴的中国梦而不懈奋斗的信念和行动。

国际理解：具有全球意识和开放的心态，了解人类文明进程和世界发展动态；能尊重世界文化的多样性和差异性，积极参与跨文化交流；关注人类面临的全球性挑战，理解人类命运共同体的内涵与价值等。

（2）实践创新

实践创新包括劳动意识、问题解决、技术运用等。

劳动意识：尊重劳动，具有积极的劳动态度和良好的劳动习惯；具有动手操作能力，掌握一定的劳动技能；在主动参加的家务劳动、生产劳动、公益活动和社会实践中，形成改进和创新劳动方式、提高劳动效率的意识；具有通过诚实合法劳动创造成功生活的意识和行动等。

问题解决：善于发现和提出问题，有解决问题的兴趣和热情；能依据特定情境和具体条件，选择并制定合理的解决方案；具有在复杂环境中行动的能力等。

技术运用：理解技术与人类文明的有机联系，具有学习掌握技术的兴趣和意愿；具有工程思维，能将创意和方案转化为有形物品或对已有物品进行改进与优化等。

四、学科核心素养对学科教学的导向作用

学科核心素养的内涵既是各学科教学的核心理念和实践导向，又是学科教学的重要任务。

从学科核心素养的共性和普适性出发，形成学科课堂教学观，建构基于核心素养导向的系列教学策略，实现从传统学科教学模式或者第二轮课改形成的教学策略向义务教育新课程标准所倡导的教学理念和路径策略转变。这些转变体现在以下几个方面。

（一）核心素养导向的学科教学观重建

学科核心素养普遍强调关键能力和必备品格的培养，注重以人文底蕴为核心的文化基础教学观，强调以批判思维、质疑探究为重点的科学精神培养观，突出以学法指导、反思总结和信息意识为主体的自主发展观，彰显以生命意识、自我管理、健康品格为主线的健康生活观，提倡以责任担当、家国情怀和国际视野为内涵的社会参与观，形成以劳动意识、解决问题和技术学习为主轴的实践创新观。

基于此，建构以学为中心，用教材教，注重学法、发展思维、育人为主、创新实践等融会贯通、相得益彰的新课程教学价值观。

（二）思维素养要求建构学科思维训练系统策略

每个学科的核心素养都有思维内涵，基于学科知识和能力的训练和培养，都应该立足思维的高度，根据学科知识能力系统提炼思维规律、方式和进阶方法。在知识和能力的训练中，应侧重思维训练策略的建构，加强思维方法的训练，特别是对解决实际知识问题的整体思维、发散思维和连续思维能力的有效训练，发展学生的创新思维。要勇于探索，大胆实践，培养学生的批判质疑精神，不断积累教学新经验、新思路、新模式，形成学科教学、思维训练的系统策略。

（三）品行价值等人文素养要求建构学科育人融合策略

学科核心素养都有指向品行价值、情感态度等人文素养的内涵，要求建构基于义务教育新课程理念下的部编教材育人融合策略，将人文素养细分为具体内容，建构相应的教学实施策略，以确保新课程育人功能的充分发挥。

（四）创新实践素养要求建构具有学科特色的情境化教学策略

学科核心素养都包含实践创新能力的内涵，因此，学科教学要结合学科知识的具体内容，创设相应的教学情境，培养学生在真实情境中解决实际问题的能力，并且逐渐形成情境化教学的学科系列策略。

（五）自主发展素养内涵要求建构基于学科内容的活动探究策略

学科核心素养都蕴含加强学生自主发展的因素，强调学生自主、合作和探究性学习，要求建构与之相适应的活动教学、深度学习和项目学习等整体策略和合作探究策略。

（六）课程整合新理念要求建构基于多学科融合的跨学科、跨媒介学习策略

核心素养的多元性，要求义务教育新课程加强内容的整合，实现跨学科和跨媒介学习，因而，学科教学有必要着眼于建构跨学科、跨媒介学习的综合性教学策略和整体策划的教学策略等。

当然，学科核心素养还有各自学科的特色元素，需要根据需要建构相应的学习策略，以培养和发展学生的学科核心素养、关键能力和必备品格，达到提升学生综合素养的目的。

第三节　爱国主义体验课程的现实需求和实践意义

党的十九大明确指出中国特色社会主义进入新时代，爱国主义教育有了全新的内涵，特征鲜明。根据新时代爱国主义的新特征，探索建构新的教育路径和课程，是教育现实的需求，具有突出的实践意义。

一、厘清爱国主义的内涵

爱国主义是中华民族的优良传统。凡事以国家利益为主要前提的政治主张，此种思想容易激起人民的爱国思想，也称为"国家主义"，进一步说，爱国主义是一种真实的责任感和使命感，是对祖国、民族最深厚而纯洁的感情，它铭刻于国民思想中，外化于国民行动中。可见，爱国主义是一种民族精神基因和深植于人民心中的"国魂"，也是中华民族的精神符号和价值回归。爱国主义内涵是不断丰富和发展的，特别是中华人民共和国成立以来，中华民族完成了从站起来、富起来到强起来的伟大转变，伟大的爱国主义奋斗精神内涵也得到了极大的丰富和发展。

当前中国特色社会主义进入了新时代，爱国主义集中体现为奋力实现中华民族伟大复兴的中国梦，其内涵突出表现为爱国主义与社会主义不可分割的统一性，这是经过历史和实践长时间沉淀而形成的。

爱国主义的具体内涵包括四个维度：一是爱祖国人民。中国有56个民族，是一个拥有14亿人口的大家庭。爱人民就是爱每一个民族的人民，爱他们的民俗风情、地域特征和精神文化等，实现民族大团结；爱人民就是培养为人民服务的意识，具体表现为服务社会、奉献社会、参与社会活动，具有社会责任感和使命感，勇于担当；爱人民就是爱家庭，传承良好家风，尊老爱幼，正如古人所说，"老吾老以及人之老，幼吾幼以及人之幼"。二是爱祖国大好河山。我国地大物博，名山大川风景绮丽无比，值得每个国人自豪。爱祖国河山，就要欣赏、赞美和讴歌它，并且为保护和美化环境做出自己的贡献，正如习近平总书记所说，"绿水青山就是金山银山"，保护生态环境是造福子孙后代的千秋伟业，也是爱国主义的具体表现。三是爱祖国灿烂文化。我国是世界上四大文明古国之一，历史悠久，具有博大精深的文化内涵，包括革命文化、中华优秀传统文化和社会主义先进文化。爱灿烂文化，就要学习、理解、弘扬、保护和传承祖国的优秀文化。四是爱国家。这里的国家不是抽象的概念，而是国家的国旗、国徽、国歌等物化的标志，以及社会主义的制度体系和核心价值观等精神层面的内涵。

二、要准确理解爱国主义教育

爱国主义思想情感是通过教育来培养和深化的，法国哲学家卢梭将这种教育视为培养"好公民"的"最有效的方法"。新时代爱国主义教育兼具历史和时代的双重使命，是实现爱国主义目标的教育实践和必要途径，是主题教育的"底色"，它将爱国主义理论具体化、行动化，落实到国民的言行，实现由爱国之情、强国之志到报国之行的转变，将爱国情怀化作强国的伟大力量。

新时代爱国主义教育要从以下三个层面去理解。

新时代爱国主义教育以学习祖国悠久历史为前提。史书有言，"以铜为镜，可以正衣冠；以史为镜，可以知兴替；以人为镜，可以明得失"（《旧唐书·魏徵传》），学习我国历史，既要引导学生理解近现代中华民族走过的艰难而光荣的历程，更要认识到只有在中国共产党的领导下，我国才能从贫困走向富强。爱国主义教育既要融入所有学科课程，比如语文、数学、英语、科学、音乐、体育等，更要开展基于学科学习的爱国主义体验课程教学，让学生在体验中提升爱国主义情感和思想认识，将爱国主义思想情感变成生活中的实际行动，贯穿在人生成长的点点滴滴之中。

新时代爱国主义教育以传承中华民族优秀文化为重点，要用批判性思维和发展的眼光对中华文化进行传承和弘扬，让优秀文化成为国家软实力。特别重要的是，爱国主义教育要以创新思维为引领，建设性地传承和发展中华优秀传统文化，并结合学生成长过程和生活实践，在潜移默化中，实现爱国主义教育的转化和发展。

新时代爱国主义教育应立足实践和创新发展。爱国主义教育要深入学生思想，化作学生情感，就必须探索建构基于核心素养的体验式课程，让学生在课程的自主学习、合作学习、勇于探究的实践过程中，感受、理解爱国主义的内涵，培养爱国主义的情愫和思想境界，不断提升其对爱国主义的认识水平，让其自觉爱国，为国争光添彩，努力成长为建设中国特色社会主义强国的参与者和奉献者，为实现中国梦贡献力量。

三、爱国主义体验课程是学生素养和品质培养的有效实践

培养学生的爱国情感和爱国意识，不能靠抽象的理论和简单的说教，而要将知识技能的培养和爱国主义思想情感熔于一炉，让学生在学科学习中，在实践体验的过程中，在获取各学科知识和技能的体验中，自主参与学习、探究活动，真切感受、理解和弘扬爱国主义的情愫和精神，进而增强对国家的认同感和责任感，培养良好的公民素养。其实践意义体现在以下四个方面。

（一）爱国主义体验课程有助于学生形成正确的价值观

在实践探究课程学习中，学生可以亲身感受到国家的繁荣和发展，了解到人民的辛勤付出和伟大力量，感受到祖国灿烂文化的精神传承，认识到祖国的地大物博、人口众多，体会到祖国的制度优势、科技优势、文化特色等，进而增强国家认同感与自豪感。同时，实践课程学习中也会遇到一些社会问题和挑

战，学生将通过实践的方式探究和解决这些问题，从而培养正确的价值观、道德观、成长观和发展观。

（二）爱国主义体验课程有助于学生增强社会责任感

在学科综合实践体验式课程活动中，学生可以亲身体验到社会的复杂性和多样性，在合作探究完成任务的过程中，解决社会实际问题，为社会提供有益的服务，培养学习的获得感和成就感，激发学生对更多社会问题的关注。在课程实践活动中，学生通过自己的努力为社会做出贡献，认识到个人与社会、个人与自然、自我与他人的各种关系的重要性，体验到努力的价值和对社会做出贡献的快乐，自觉培养有思想、有本领、有担当的时代新人必备品格。

（三）爱国主义体验课程有助于学生提升综合素养

综合实践体验式课程，是跨学科、跨媒介的综合性实践活动，学生需要将多学科、多媒介的知识和技能应用于实践探究学习，并以解决真实情境中的实际问题为目的，开展自主、合作、探究性学习，从而彰显课程学习的综合性，促进学科核心素养的提升和发展。

（四）爱国主义体验课程有助于学生树立正确的人生观

综合实践体验课程，引领学生直接接触社会的各个方面，让他们了解到社会的复杂性和所面临的挑战，见证一些为社会做出贡献的人物，了解他们不求索取、只求奉献的精神品质，从中受到感染、教育和启迪，从而逐渐明确自己的人生目标和生命价值。同时，实践过程中的困难和挑战也可以磨砺他们的意志和毅力，培养不畏艰难、勇于挑战的性格品质。

第四节　义务教育新课程标准理念下的
课堂教学困惑

义务教育新课程标准强调了三个导向，体现了义务教育课程改革价值追求，也对课堂教学提出了全新的要求。目标导向强调新课程着重育人，培养学生的文化自信，充分发挥课程育人功能；问题导向以解决生活中的实际问题为目标，建立分层次、立体化、实践性和体验式创新育人课程，促进学生价值观的形成和发展；创新导向则突出构建创新育人课程思路和策略，体现课程的综合性、实践性和体验性，在实践课程教学中培养学生核心素养，实现个性化、多样性和体验式的课程学习特点。

一、教学困惑

新课程的导向性体现在课程教学模式创新和学生学习方式的变革上，对一线教师提出了具有挑战性的要求，要求他们根据学科义务教育新课程标准提出的核心理念，建构课程实施新路径、新策略。但是，由于义务教育新课程标准并没有提出具体的教学建议和示范模式，一线教师普遍感到茫然和困惑，当下义务教育课堂教学依然如故。为了更好地践行义务教育新课程标准的理念，有效地引导教师开展创造性的教学，实现教学方式的转变，需要厘清这些困惑及其根源。

困惑一：上一轮课改形成的固化课堂教学模式已经根深蒂固，教师形成了课程教学的惯性思维。如语文课程的"三部曲"是"整体感知""问题探究"与"语言品味"，它是符合语文学习的认知规律的。而以"自主、合作、探究"为主要方式的课堂学习样态也已经深入人心，教师运用自如。当然，这种课堂结构和学习方式较之从前，更多的是形式上的变化，并没有实质性激活学生的思维，特别是学生运用语言解决实际问题的能力没有得到有效的训练，学生的创造性思维和语言应用等素养培养的效果很有限。

困惑二：义务教育新课程标准提出诸多新的理念，但是并没有提供实施新课程教学的示范案例。以核心素养为例，各学科都提出了学科核心素养，并且要求教师以其为教学导向，但是基于核心素养培养的课型和经验基本没有，一线教师缺乏可资借鉴的教学模式和策略，普遍感到茫然和困难。

困惑三：义务教育新课程标准理念衍生出许多繁复的概念和名词，如"大单元""大概念""大问题""大情境"等，令人目不暇接、眼花缭乱。但这在学科教学中的作用以及如何实施，并没有官方的解读和指引，这些概念无疑更让一线教师模糊和困惑。

困惑四：义务教育新课程标准提出的关键理念没有配合进行普遍而充分的教师培训，更没有推出规范的课程实施范例，需要教师自觉摸索和总结，不断创新，大大增加了教师的工作负担，使教师在传统教学与新课改创新模式之间纠结，不知所措。如课程整合教学、跨学科跨媒介教学、综合性实践创新教学、教学评一致性和教学情境化等一系列的理念，令一线教师应接不暇。

困惑五：教考不一、教评脱节等现象也给一线教师践行义务教育新课程标准理念增加了疑惑和压力。特别是各地中考命题不统一，甚至一个省各地级市分别命题，在命题思路和试卷题型设置上，并没有与新课改理念接轨，甚至相背离，导致教师执行义务教育新课程标准时的疑虑和担忧不断加深。

困惑六：义务教育新课程标准强调课程的实践性、情境化、多样性，而实践性课程和情境化教学受到时空的局限，制约了教师的探索和创新，同时也大大增加了课程准备的工作量和执行的难度，令教师望而却步，徘徊观望。

困惑七：学校拼命抓分数，唯分数论现象仍然大行其道，实施义务教育新课程标准理念，探索新课程教学创新思路和策略，几乎成为学校教育的点缀，这挫伤了教师投身课改、潜心创新的积极性。

二、教学建议

突破以上七重困惑，任重道远，但从教师可以采取的思路和策略层面来讲，我们有如下几点建议。

第一，深入学习学科义务教育新课程标准的内涵，把握课改的精神实质。例如，每个学科都有各自的核心素养，这是义务教育新课程标准的导向，应该烂熟于心，并在教学实践中对照实施，使教学目标确立符合课标方向、内容选择切合课标思想、方法采用有利于落实课标要求等，使学科教学在创新的轨道上扎实推进。

第二，精心选择理念角度，对标教学设计思路开展探索。可以选择核心素养的一个元素，进行对标课型设计，如地理教学中的四个方面——人地协调、综合思维、区域认知和地理实践力等；可以选择其他课程理念的一个角度，开展教学案例探索建构，如语文的课程整合、情境化教学、任务群教学、跨学科跨媒介教学、教学评一致性等；也可以选择"大概念"之一，进行尝试性教学探索，如"大单元""大情境""大问题"等。

第三，开展项目化综合实践课程探索，建构校本新课程教学策略。根据校情、学情，结合学校省级课题"基于核心素养的爱国主义体验课程实践研究"，开展学科实践体验课程探究活动，围绕一个主题，设计课程方案，师生共同参与实践活动的全过程，让学生在体验中主动学习，合作探究，解决生活中的真实问题，从而培养学生思维能力，发展学生综合素养。

当然，义务教育新课程标准实施中的教学困惑还有更多解决策略，有待一线教师在实践中进一步探索和实践，建构践行新课改的新路径、新策略，形成新经验。

第二章

爱国主义体验课程的
理论基础

探索建构"爱国主义体验课程"，应该基于一些理论的指导和引领，使课程建构具有理论的高度和依托，内在的逻辑性更加严密，内容体系更加科学，使据此开展的实践体验课程教学活动更具有指向性和明确的目的性，能够真正激发学生的好奇心、想象力和求知欲，让他们愿意积极投入探究的热情，从而让学生在体验中培养创造能力，发展学科核心素养，使之成为义务教育新课程标准所要求培养的有理想、有本领、有担当的社会主义新人。同时，在科学的理论指导下建构的体验式课程，更具推广和辐射的价值，更能使学生获得成就感和自豪感，因此，也更受到师生的欢迎，从而实现教与学方式的根本转变，成为践行学科新课程标准的创新课程和品牌特色课程。

第一节　爱国主义体验课程的内涵与外延

爱国主义体验课程作为践行学科核心素养和落实学科新课程标准理念的校本创新特色课程，具有怎样的教育内涵和外延，直接关系到本课程建构的质量和实施的可行性。弄清楚这一点，有助于课程的深入探索实践，从而形成个性化、创造性和操作性兼具的学科课程特色。

一、爱国主义体验课程的内涵

（一）爱国主义的内涵

爱国主义的内涵可以高度概括为四个维度——爱祖国人民、爱祖国大好河山、爱祖国灿烂文化、爱国家，其具体内涵十分丰富和深厚，需要正确理解和深刻把握。

1. 爱祖国人民

我国是一个多民族国家，是由56个民族、14亿多人组成的社会主义国家。爱祖国人民，就是要加强民族大团结，具体表现在每个人身上，就是要有团结合作的精神，要有为人民服务的精神，共同团结奋斗，努力使人民生活幸福美好，并且不断满足人民对美好生活的向往；要有服务人民、服务社会、服务他人的高度责任感和使命感，积极投身社会主义建设，为人民做出更大的贡献；要有参与公益事业的爱心和奉献精神，勇于保护人民的生命安全和财产安全，具有勇于担当的责任感和使命感。

2. 爱祖国大好河山

我国幅员辽阔、地大物博、资源丰富，名山大川，风光无限。爱祖国的大好河山，就是要去感受、体验和讴歌祖国的自然风光，去发现、开发和利用祖国的富饶资源，去珍惜、保护和美化祖国的生态环境，让绿水青山变成金山银山；要有对祖国大好河山的自豪感和幸福感，自觉维护祖国的领土完整，坚决反对分裂祖国和破坏祖国统一的言行；要树立主人翁责任感和使命感，为祖国自然生态保护贡献力量，维护祖国的尊严和利益。

3. 爱祖国灿烂文化

我国是世界上四大文明古国之一，历史悠久，具有灿烂的文化。爱祖国的灿烂文化，就是要树立文化自信，培养对祖国文化的自信心和自豪感；要自觉传承和发展祖国文化，为祖国的文化繁荣和发展贡献自己的力量；要理解社会主义文化，包括革命文化、中华优秀传统文化和社会主义先进文化的丰富内涵，增强对祖国文化的深厚情感；要不断丰富和发展社会主义文化内涵，并且不断学习和提升自己的文化自信和文化素养。

从古至今，许多优秀的、有价值的传统文化被继承下来，其中最具代表性的就是"独立人格"思想，它强调人的价值，坚持独立的人格尊严。孔子曰："三军可夺帅也，匹夫不可夺志也。"强调保持人格的尊严，即有独立人格的重要性；又所谓"大丈夫可杀不可辱"，也是强调人的尊严、人的价值。这种独立的人格意识是爱国主义的核心，一个人不懂得维护国家和民族的尊严，就谈不上有独立的人格，而人格力量正是来自对国家的无限热爱。另一方面，强调人对社会的责任感，如"天下兴亡，匹夫有责""先天下之忧而忧，后天下之乐而乐""天将降大任于是人也""忧国忧民"等，都强调一种以天下为己任，不计个人得失，抛头颅、洒热血的责任感、使命感，都是独立人格的体现，是提高民族自尊心、自信心的思想基础。这种优秀的传统文化影响我们现实生活中的方方面面，如伦理道德中的仁、义、礼、智、信、忠、孝、悌、义、廉等都包含着十分深刻、健康的积极因素。例如，"孝"，就是要求每个人尽心赡养自己的父母、长辈；"忠"，就是忠于自己的祖国；"礼"，就是为人要有礼貌、懂礼节；"信"，就是要讲信用、要诚实；"廉"，即廉洁、勤俭。传统文化对培育民族的道德素质有着独特的作用，在现代化建设中，我们应当吸收传统文化的精髓。例如，"君子喻于义，小人喻于利""先义后利""君子爱财，取之有道""己所不欲，勿施于人""天下为公""虽九死其犹未悔""舍生取义""刚直不阿"等。

4. 爱国家

党的二十大报告提出，到本世纪中叶，把我国建设成为综合国力和国际影响力领先的社会主义现代化强国。爱国家的内涵非常广泛：一是要爱社会主义制度，包括经济制度、政治制度、社会主义道路，特别是新时期国家确定的共同奋斗目标；二是要爱社会主义核心价值观（富强、民主、文明、和谐，自由、平等、公正、法治，爱国、敬业、诚信、友善），树立正确的世界观、人生观和价值观；三是要忠诚于祖国，培养忠诚于国家的道德品质，把忠诚作为自己的社会责任和义务，坚定不移地维护祖国的利益和尊严，为祖国的繁荣和发展贡献自己的力量；四是要有对国家的高度责任感，对祖国和人民负责任，为祖国和人民的利益而奋斗，把责任感化为使命感，坚守对祖国和人民的承诺和信仰，在工作和生活中发挥出自己的最大潜力，为祖国和人民做出更大的贡献；五是要热爱祖国的一切标志性的事物，如国旗、国徽、国歌等；六是建设和谐美满家庭，传承优良家风、家训，尊老爱幼，正如古人所说："老吾老以及人之老，幼吾幼以及人之幼。"把建设和谐社会作为自己的社会责任和历史使命。

（二）体验式课程的内涵

体验式课程是一种实践性强、注重学生参与和体验的活动型课程。它通过让学生亲身参与实地观察、调研和探究与课堂教学相结合的立体式教学活动，在跨学科、跨媒介的互动学习中，自主、合作、探究性地学习，增强学生的学习兴趣和动力，培养学生的学习好奇心、求知欲和想象力，引导学生在真实情境的实践体验中解决实际问题，进而发展学科核心素养，最终成为有理想、有本领、有担当的社会主义时代新人。

体验式课程内涵的基本特征如下。

1. 体验性

体验性是体验式课程最显著的特点。体验作为生命的一种存在方式，是师生之间、生生之间发生联结关系的纽带。体验式课程基于学生的真实生活体验，对教学过程和教学效果产生浸润式影响，让学生在体验中习得知识、培养能力、生发情感，发展核心素养，获得良好习惯。

2. 多样性

作为生命个体，学生之间在知识、情感、价值观、经验等方面存在诸多差异，他们在体验过程中的感受与成长也是各不相同的。即使处在同一真实情境中，不同学生也会有不同的表现，因而在体验式课程学习过程中，学生的学习体验、感受与成长收获也一定呈现出多样性。

3. 生成性

一个完整、有意义的实践课程应是学生与教师协调互动的学习过程，学生可以将自己的知识、经验、情感、能力等融入课程探究学习过程。学生在体验式课程中，在与教师、文本及其他同学的交流中，创造生成新的经验、感受、情感、品格和能力素养，这是一个连续性的教与学、知识与实践融合的过程。

4. 情境性

体验式课程需要通过真实的生活情境来开展，以任务群为驱动，对学生的情感、态度、思维、表达、探究能力和毅力品质等进行训练和培养，最终获得创造性的成果，达到学习与实践的有机统一。

5. 实践性

体验式课程注重学生带着学习任务参与生活情境中的实践活动，以真实问题的解决为导向，开展实地观察、感受、调研和探究。学生通过自主、合作、探究性学习活动，在做中学，在体验中运用和验证所学知识，从而获得新的知识、能力，培养情感、态度和价值观。

6. 综合性

体验式课程是一个从理论到实践，又从实践回归书本的学习过程，常常需要跨学科、跨媒介知识的综合运用，以便更好地解决真实情境中的生活问题，体现了"纸上得来终觉浅，绝知此事要躬行"的价值追求。

（三）爱国主义体验课程的内涵

爱国主义体验课程是以爱国主义内涵为主题，以区域生活情境为载体，以学科知识学习和能力培养为目的，以学生亲身体验为特点，实现跨学科、跨媒介学习的综合性实践课程。

由于爱国主义内涵的丰富性和体验式的多样性，爱国主义体验课程的内涵也呈现出丰富性和多样性，具体来说有以下几个方面。

1. 主题鲜明

体验式实践课程是基于单一学科知识能力教学的、体验式能力培养的课程，在义务教育新课程标准背景下，必须以学科核心素养为导向，突出课程的育人功能。因此，确立鲜明的爱国主义主题是开展体验式实践课程的前提。当然，实践过程中，主题必须更加具体集中，比如聚焦热爱我国灿烂历史文化的实践课程主题可以进一步细化为革命文化、中华优秀传统文化和社会主义先进文化等，使主题显得更加集中突出。

2. 情境真实

根据学科知识内容特点，确定区域真实生活情境，聚焦需要解决的现实问题，在任务群的驱动下，学生自主、合作、探究，突显学以致用的教学特点。需要注意的是，真实情境要以区域认知为目标，注重本校或者学校所在区域存在的生活实际问题。以光祖中学为例，真实情境既可以是学校的历史，也可以是学校的现实状况；可以是人文环境或自然环境，还可以是学校所在的坑梓社区乃至坪山区的人文、地理、民俗风情或建筑设施等。

3. 注重体验

教学过程要注重学生真实的生活体验，让学生根据学科知识能力学习和培养的要求，参与实践探究，以解决真实问题为驱动，主动参与，积极体验，在体验中培养关键能力和必备品格，发展学科核心素养，提升综合素质。

二、爱国主义体验课程的外延

爱国主义体验课程的外延可以从两个层面来理解，一是爱国主义的外延，二是体验课程的外延。

爱国主义可以从四个维度延伸开去，以爱祖国人民为核心的爱国主义思想，包括加强各族人民团结合作、为祖国人民服务的各种思想品质和实际行动、维护人民生命财产利益和人身尊严的各种努力和奉献、遵守社会公共秩序和公序良俗的言行举止、为社会公益无私奉献和敢于牺牲的精神品质等；以爱祖国大好河山为核心的爱国主义品质，包括感受、欣赏和讴歌祖国的自然风光、名山大川，发现、开发和利用祖国的丰富自然资源，造福人民、造福社会，为祖国做贡献，自觉维护、捍卫祖国的领土完整，坚决反对分裂祖国、破坏统一的言行，主动参与生态环境的保护和美化，"让绿水青山成为金山银山"等；以热爱祖国灿烂文化为重点的爱国主义内涵，包括学习、传承和弘扬祖国灿烂的历史文明和灿烂文化，包括革命文化、中华优秀传统文化和社会主义先进文化等；以热爱国家为中心的爱国主义内涵，包括维护国家经济制度和政治制度、社会主义核心价值观，坚定社会主义的道路选择，培养爱国爱家的家国情怀，热爱国家的民俗风情、国旗、国徽、国歌等。

体验课程的外延可以从学科和地域两个维度来理解。一是以中学各学科为主体，包括语文、数学、英语、道法、历史、地理、物理、化学、生物、体育与健康、音乐、美术、心理等；二是跨学科融合的体验式课程，即根据课程建构的需要形成多种课程组合；三是基于不同地域的学科体验式课程，包括课内外体验课程、校内外体验课程，学校所在的社区、城市内外的体验课程等。

概言之，凡是以爱国主义教育为主题、以核心素养为导向、以体验式教学为主要方式的综合实践探究课程，都属于爱国主义体验课程的范畴。

第二节　各学科义务教育新课程标准的共性解读

　　各学科义务教育新课程标准都贯彻了义务教育新课程标准的基本导向和共同价值追求，但又具有各自学科的属性特点。建构爱国主义体验课程，有必要充分研究和阐释各学科义务教育新课程标准的共性，探索一般性的规律，让爱国主义体验课程在各个学科有效开展，既要体现"爱国主义"这一共同主题，又要彰显不同学科爱国主义教育的具体内容，既能统一体现体验式课程的共同范式，又能体现不同学科实践体验的差异性。

　　综合研究各学科义务教育新课程标准的内涵后，我们发现各学科具有许多一致性，具体表现在以下几个方面。

一、在课程理念上，坚持核心素养导向，并且在核心素养的内涵上具有许多相同点

　　各学科核心素养具体内容如下：

　　语文学科核心素养：包括文化自信、语言应用、思维能力和审美创造四个维度。

　　数学学科核心素养：包括会用数学的眼光观察现实世界、会用数学的思维思考现实世界、会用数学的语言表达现实世界三个方面。具体到初中阶段，包括抽象能力、运算能力、几何直观、空间观念、推理能力、数据观念、模型观念、应用意识、创新意识九方面。

　　英语学科核心素养：包括语言能力、文化意识、思维品质和学习能力四个

维度。

科学学科核心素养：拓宽学生的理论视野，引导学生树立正确的科学价值观，认识科学发展的特征及其规律，发掘科学的道德所在。

道德与法治学科核心素养：政治认同、道德修养、法治观念、健全人格、责任意识。

地理学科核心素养：人地协调观、综合思维、区域认知和地理实践力。

历史学科核心素养：唯物史观、时空观念、史料实证、历史解释、家国情怀。

信息技术学科核心素养：信息意识、计算思维、数字化合作学习与创新及信息社会责任。

艺术学科核心素养：审美感知、艺术表现、创意实践、文化理解。

综合分析发现，各学科的核心素养都包含人文底蕴、科学精神、思维训练和表达能力，以及实践创新等。

二、在课程价值追求上，都强调课程育人功能，凸显学科教学的德育作用和人文性

语文课程围绕立德树人根本任务，充分发挥其独特的育人功能和奠基作用，以促进学生核心素养发展为目的，以识字与写字、阅读与鉴赏、表达与交流、梳理与探究等语文实践活动为主线，综合构建素养型课程目标体系；面向全体学生，突出基础性，使学生初步学会运用国家通用语言文字进行交流沟通，吸收古今中外优秀文化成果，提升思想文化修养，建立文化自信。

数学学科完善了培养目标，强调全面落实培养担当民族复兴大任时代新人的要求，结合义务教育性质及课程定位，从有理想、有本领、有担当三个方面，明确义务教育阶段时代新人培养的具体要求。

英语学科课程以习近平新时代中国特色社会主义思想为指导，全面贯彻党的教育方针，落实立德树人根本任务，以培养有理想、有本领、有担当的时代新人为出发点和落脚点。

科学学科课程对育人功能的表述是：义务教育科学课程旨在实施以发展坚实的科学素养为目标的教育活动，从而为学生在面对不断变化的社会道路上树立坚定的理论基础。

地理学科注重育人理念的落实：依据义务教育培养目标，总结地理课程所要培育的核心素养，形成能体现地理课程独特育人价值和共通性育人要求的地理课程目标。引导学生通过探究人类活动与地理环境的关系，认识到地球资源是有限的、生态环境是脆弱的，形成保护地球家园的观念、热爱祖国和家乡的情感，以及关心世界的态度，不断增强人文底蕴、科学精神和责任担当，并提高健康生活、终身学习和实践创新等能力。

道德与法治的育人特色更加直接鲜明：道德与法治课程是义务教育阶段的思政课，旨在提升学生的思想政治素质、道德修养、法治素养和人格素养，增强学生做中国人的志气、骨气、底气，为培养以实现中华民族伟大复兴为己任的有理想、有本领、有担当的时代新人打下牢固的思想根基。

历史学科作为人文学科，育人性质非常突出：引导学生通过历史课程学习，逐步养成历史核心素养，初步树立正确的历史观、民族观、国家观、文化观，达到以史育人、立德树人的根本要求。

信息技术学科作为技术性学科，也同样要承担育人的任务：信息技术课程旨在培养学生的科学精神和伦理道德，增强学生自我控制意识，培育其社会主义核心价值观，树立其全局观，提高其数字素养和技能。

艺术学科也提出了鲜明的育人工作任务和课程理念：引导学生感受美、欣赏美、表现美、创造美，丰富审美体验，学习和领会中华民族艺术精髓，增强中华民族自信心和自豪感，了解世界文化的多样性，开阔艺术视野，充分发挥艺术课程在培育学生审美和人文素养中的重要作用。

三、在课程特点上，都强调实践性、综合性和创新性

语文学科把课程整合作为新课程的重要理念之一，突出课程的时代性，充分吸收语言、文学研究新成果，关注数字时代语言生活的新发展，体现学习

资源的新变化。强调内容的典范性，精选文质兼美的作品，重视对学生思想情感的熏陶感染作用；重视价值取向，突出革命文化、中华优秀传统文化和社会主义先进文化；注重课程内容与生活、与其他学科的联系，注重听说读写的整合，促进知识与能力、过程与方法、情感态度与价值观的整体发展。

地理学科课程内容的选择，在体现地理学科发展的基础上，更加关注学生发展和社会需求，形成融基础性与时代性、学科性与生活性于一体的课程内容体系，将丰富的地理素材与鲜活的地理实践活动相结合，促使学生在做中学，获得并积累学习经验，关心并乐于探究和解决现实中的地理问题。地理实践力就是学科核心素养之一，在不同的主题中贯穿地理工具应用和地理实践活动，突出地理课程的实践性。

数学学科实施促进学生发展的教学活动，认为学生的学习应是一个主动的过程，认真听讲、独立思考、动手实践、自主探索、合作交流等是学习数学的重要方式。引导学生在真实情境中发现问题和提出问题，利用观察、猜测、实验、计算、推理、验证、数据分析、直观想象等方法分析问题和解决问题，促使学生获得数学的基本活动经验。

艺术课程鲜明地提出"突出课程综合"的观点，注重艺术与自然、生活、社会、科技的联系，从中汲取丰富的审美教育元素，传递人与自然和谐共生理念，促进学生身心健康全面发展。

四、在课程实施方式上，都注重创设真实情境，引导学生在解决问题的过程中学习

地理学科依据学生的认知基础和成长规律，充分考虑学生的生活经验和差异性，将现代信息技术与地理教学充分融合，创设多样化的学习情境，设计多层次的学习任务，积极开展地理户外实践，使学生深度参与地理学习活动，经历对提升其核心素养有意义的学习过程，具有鲜明的情境化教学特征。

语文学科把情境化教学作为核心理念之一，强调增强课程实施的情境性和实践性，促进学习方式变革。课程实施从学生语文生活实际出发，创设丰富多

样的学习情境，设计富有挑战性的学习任务，激发学生的好奇心、想象力、求知欲，促进学生自主、合作、探究学习；引导学生注重积累，勤于思考，乐于实践，勇于探索，养成良好的学习习惯；关注个体差异和不同的学习需求，鼓励自主阅读、自由表达；倡导少做题、多读书、好读书、读好书、读整本书，注重阅读引导，培养读书兴趣，提高读书品位；充分发挥现代信息技术的支持作用，拓展语文学习空间，提高语文学习能力。

艺术课程把艺术体验作为重要课程理念，要求课程实施要在真实的艺术体验活动中激发学生艺术学习的情趣，提高艺术素养。

英语课程倡导"践行学思结合、用创为本的英语学习活动观"重要理念，秉持在体验中学习、在实践中运用、在迁移中创新的学习理念，倡导学生围绕真实情境和真实问题，激活已知，参与指向主题意义探究的学习理解、应用实践和迁移创新等一系列相互关联、循环递进的语言学习和运用活动，在真实情境中解决生活问题，提高英语素养。

五、在课程评价上，普遍重视评价导向作用，以评促教，以评导学

学科课程普遍强调教学评一致性，增强评价的过程性和整体性，发挥评价的导向作用。评价既是对教学的反馈，也是对教学的引导。

地理学科课程就把评价功能作为核心理念之一：发挥评价功能，促进学生学业进步和全面发展，强调以考查学生核心素养的发展成就为目标，体现教学评一致性，综合运用过程性评价、终结性评价等。过程性评价注重发挥评价的诊断、引导、改进、激励功能，终结性评价注重发挥评价学生地理课程学业成就的作用。注重评价主体多元化，让学生在自评、互评的过程中学会反思和自我改进，使评价真正成为教育过程的组成部分。

语文课程评价明确指出：课程评价要有利于促进学生学习，改进教师教学，全面落实语文课程目标，应准确反映学生的语文学习水平和学习状况，注重考查学生的语言文字运用能力、思维过程、审美情趣和价值立场，关注学生

的学习过程和学习进步。根据不同年龄学生的学习特点和不同学段的学习目标，选用恰当的评价方式，抓住关键，突出重点，加强语文课程评价的整体性和综合性。注重评价主体的多元与互动，以及多种评价方式的综合运用，充分利用现代信息技术促进评价方式的变革。

六、在课程实施过程中，注重跨学科跨媒介的综合性学习活动

正确实施跨学科主题学习活动。跨学科主题学习活动不是几个学科简单相加或轮番上场，也不是各自学科独立的信息和知识碎片的简单呈现，而是注重在解决真实问题、任务或项目过程中所需要的综合知识以及综合运用这些知识、技能、思想方法的能力和团队协作的能力，鼓励学生调动生活经验和思维能力，激发学生解决问题的意愿并真正解决问题。因此，跨学科主题学习是衡量义务教育新课程标准是否有效落地的重要支点。

由于跨学科主题学习活动要引导教师突破学科边界，鼓励教师开展跨学科联合教研，因此也就涉及教师教学方式和学校治理方式的变革，要求学校建立相应的课程研发机制。进而，跨学科主题学习活动也成为学校课程改革的一个新任务和教师专业发展的新机遇，同时也是促进不同学科共同为发展学生核心素养做贡献的有效着力点。

其他学科均有跨学科学习的课程理念或者实施要求，不再赘述。

第三节　学科综合实践活动课程探究的价值

义务教育新课程标准普遍强调几个重要核心理念。一是课程的素养化，学科课程要以核心素养为导向，充分发挥课程的育人功能。二是课程的整合性，要整合课程资源，实现跨学科、跨媒介学习，培养学生综合运用知识解决问题的能力，提升学生综合素养。三是课程教学的情境化，要在学科教学中，不断创设生活化情境，增强实践性，引导学生结合学科学习解决真实生活情境中的问题，培养学生的学科知识运用能力。四是课程教学的创新性，要求学科教学注重创新，培养学生在自主、合作、探究的学习中，发展创造性思维，创造性地解决问题。五是课程的评价性，学科课程要体现评价的过程性和整体性，以评促教，以评导学。

义务教育新课程标准的各项理念都要求学科教学开展综合实践探究活动，以彰显义务教育新课程标准背景下课程教学的价值和意义。综合实践活动课程是学校学科课程的重要组成部分，是我国基础教育课程结构的新突破，也是课程形态的新建构，体现了新课程改革的新趋势，反映了当代以创新精神和实践能力培养为核心的素质教育的新要求。与其他课程相比，综合实践活动课程具有综合性、实践性、开放性、生成性、自主性等特点；从课程特性来看，综合实践活动课程具有区别于其他课程的独特价值，对学生、教师，乃至学校的发展都有着深远的意义和影响。

一、综合实践体验课程对学生发展的价值

（一）激发了学生的学习主动性

尽管学生在综合实践活动中受到教师教学安排的局限，但比起学科课程来讲，综合实践活动内容更加灵活多样，其设计和实施以学生的兴趣和经验为基础，学生有更多选择的机会和权利，可以选择自己感兴趣而又能研究的问题，进行自主、合作和探究性的学习探索，这有效激发了他们参与活动的积极性和主动性，培养了他们顽强的毅力和不畏困难的品格。

实践案例表明，一些学习成绩不佳、表达能力较弱，对身边的人和事也不关心的学生，通过参与综合实践体验活动，逐渐变得自信、开朗、幽默，成绩也有了明显的进步。这种转变凸显了综合实践体验课程对激活学生潜能、增强学生自信的作用。

综合实践体验课程之所以受到学生普遍欢迎，主要是因为它改变了学生在学科课程中被动学习的状态，突出了以学为中心的教育价值观。由于综合实践课程的实践性、自主性和多样性，学生在整个学习过程中一直处于主动地位，使学习变得生动、鲜活起来。学生有了学习兴趣，学习活动成为一种享受、一种愉快的体验。这种学习主动性的建立和不断强化，对学生学习学科课程以及性格品质的培养，都会产生积极和深刻的影响。

（二）彰显了学生的个性品格

学生由于兴趣、个性的差异，形成了各自独特的认知方式和学习方式，综合实践体验课程为学生丰富多彩的个性提供了发挥的平台，能促进学生自主发展。

加强学生与生活、社会的联系，满足学生个性化发展需要，是综合实践体验课程的起点和方向。综合实践体验课程的自主性、开放性等特点有力地激发了学生的经验和兴趣，为学生个性发展提供了空间。在这个过程中，学生能够充分地显示和发挥自己的天赋，展示自己的聪明才智，培养和发展自己的兴趣爱好。在课程体验学习中，他们各取所需、各展所长，擅说的学生负责采访，

会写的学生负责编辑、撰稿，会画的学生负责美工，善于交往的学生负责联络、协调……每位学生的个性与特长都发挥得淋漓尽致。

更为重要的是，学生对于感兴趣的研究内容，比如恐龙探秘、机器人制作等，即使现在因其知识、经验等方面的限制，研究还比较肤浅，但兴趣和潜能已被激发，极有可能影响其一生的发展方向。

综合实践体验课程为学生的成长打开了另一扇窗，为学生的个性化发展和特长培养提供了更加广阔的舞台和机会。

（三）发展了学生的综合能力

由于学科课程以学习建构知识体系为核心，即使义务教育新课程标准要求重视实践能力培养，但受到学科教学时间的限制，实践活动时长得不到保障。而综合实践体验课程的综合性、多样性、实践性及自主性，则给学生提供了在体验中学习和成长的广阔舞台，学生可以亲自参与社会观察、调查、走访等系列实践活动，切实培养自己的问题意识、创新意识、合作意识和观察能力、实践能力、与人交往与合作的能力等，从而提升综合素养。

1. 培养学生在真实情境中发现和解决问题的能力

新课程标准强调要创设真实情境，让学生在生活情境中运用所学知识，发现问题、提出问题和解决问题。综合实践体验课程，就是围绕生活中需要解决的实际问题展开学习和实践体验。因此，在实践体验过程中，要重视引导和鼓励学生自主地发现问题和提出问题，并通过合作探究，边体验边实践，最终找到解决问题的合理思路和策略，形成实践探究的成果。

光祖学校全面实施综合实践体验课程，学生的问题意识和学用结合的意识普遍增强了。他们开始自觉地在日常生活中发现问题、提出问题，对感兴趣而又有社会价值的问题，他们大多能够自觉联系和运用学科知识，主动合作探究，寻求解决问题的策略，并撰写探究报告。

新课程实施以后，学科课程的教学虽然也开始重视培养学生发现问题、提出问题、解决问题的能力，但综合实践体验课程因其综合性，需要跨学科知识的综合运用。因此，需要协调多学科教师参与指导，培养学生学会运用多学科、多媒介知识和技能解决真实生活中的实际问题的综合能力，而这种能力恰恰是现代社会发展和个人生存所必需的。综合实践体验课程的综合性、开放性给学生提供了学以致用、学用结合的广阔舞台，为学生成长为有理想、有本领、有担当的社会主义新人奠定了坚实的基础。

2. 培养学生收集、整理、分析和利用信息的能力

学科综合实践体验课程，需要引导学生通过阅读、调查、观察、实验、采访等多种途径获取资料和信息，学会利用适当的工具和技术处理、加工信息，判断和识别信息的价值；学会用获取的相关信息来阐述问题，并做出正确的分析和处理。这种参与体验的过程，有效提高了学生收集、整理、分析和利用信息的能力，也为实践体验课程的学习做好了准备。

光祖中学各学科综合实践体验课程，几乎都有实地观察、探究、采访和查阅资料并进行资料和信息的处理利用的学习过程，尽管不同主题内容收集资料的途径和方式有所不同，但学生获取、处理以及利用信息的能力都得到了有效训练和提高。

3. 训练学生综合思维、创新能力以及必备品格

与学科课程学习不同的是，综合实践体验课程为学生创新和毅力等必备品格的形成提供了锻炼和发展的空间。学科知识体系和逻辑结构对于综合实践体验活动的局限很少，可以引导学生不拘泥课本，不迷信权威，独立思考，勇于探索，大胆创新，主动地探索解决问题的新思路、新策略和新方法。这有利于激发学生探究和创新的好奇心、想象力和求知欲，促使他们创造力的发展。

4. 培养学生学会合作和与人交往的生存能力

合作学习是综合实践体验课程的有效组织形式，有利于培养学生研究问题的能力，充分彰显学生的个性特长，更有利于培养学生的合作意识和团队精神。在实践课程体验过程中，学生学会倾听、敢于表达、善于合作、乐于分享，与人相处、合作学习的能力得到了提高。特别是在走出学校、走向社会进行调查访问，与陌生人交流沟通的过程中，他们的生存和合作交流的能力得到了有效训练，友善、真诚、乐学、笃行的优秀品格得到了培养，个人综合素养得到了提升。

（四）转变了学生的学习方式

教育心理学表明，接受和发现是学生学习的两种重要方式。接受型学习，学生是知识的接受者，学习的过程是被动的，学习的内容是结论，是固化的；而发现型学习，学生是知识的发现者，学习的过程就是发现问题，是动态的。两种学习方式相辅相成，价值共存。但是长期以来，传统课堂学习以学生接受和识记为主要形式，忽视了学生思维能力、实践能力和创新能力的培养，不利于提升学生的学科核心素养和必备品格。义务教育新课程标准的重要理念之一就是转变学生的学习方式，变单一、被动的学习方式为自主、合作、探究性学习，注重培养学生发现、探究、研究和创新的能力，促使学生主动地、富有个性地学习。

新课程实施以后，由于各种因素的制约，学科教学要普遍实施自主、合作、探究等多样化的学习方式存在困难。综合实践体验课程则具备培养学生接受和发现两种学习方式的优势，为学生开展自主、合作、探究学习提供了一个更开放、多元和自主的学习平台，有利于学生进行发现式学习，即学生自己发现问题、提出问题，并在老师的指导下开展大量的观察、调查、实验、制作、设计、表达等活动，最终提出创造性地解决问题的策略和方法。

二、综合实践体验课程对教师专业成长的价值

综合实践活动课程的开发与实施，不仅促进了学生成长与发展，也有利于教师的专业成长与发展。这种全新的课程设计和建构，对教师的专业素养提出了较高的要求，要求教师深刻理解义务教育新课程标准的理念和精神实质，不断提高践行新课标的能力和素养。当然，这种新的课程也为教师专业发展提供了全新的视野、路径和策略。

（一）学科综合实践体验课程促进了教师观念更新和角色转变

情境化教学的普遍运用，使教师教学观由"科学范畴"向"生活领域"转变；在师生关系上，教师由知识能力的培养者转变为问题解决的指导者与合作者；在课堂组织形式上，教师由活动的精心设计者转变为实践活动的组织者

和协调者；在学习评价上，教师由单一评判者转变为多元化、多样化的评价参与者。

（二）学科综合实践体验课程推动了教师课程意识的更新和强化

长期以来形成的"学科本位"课程观，在新课程标准的理念指导下，转变成了实践型课程观。学科综合实践体验课程要求教师着眼于核心素养、情境化、跨学科跨媒介、课程整合和教学评一致性等重要理念，不断更新课程意识，形成实践性、生活化、学用结合的新的课程观；要求教师建立以学为中心、以实践为载体、以创新发展为引领的教学观，将新课程标准落实到课堂教学的各个环节。

（三）学科综合实践体验课程彰显了教师多种能力的发展

学科综合实践体验课程要求教师创造性地引导学生开展实践体验课程的主题或课题选择，科学合理地规划课程实施，提升自己的学科合作和人际交往能力，培养教师的教学探究精神和课题研究能力。

三、学科综合实践体验课程提升了学校特色发展的价值

学科综合实践体验课程是学校文化的重要元素，和学校文化建设、管理优化融为一体，以师生共同成长的方式促进了学校教学质量的提高和校园文化特色的彰显。在开发和实施综合实践体验课程的过程中，学校要以主题引领、观念导向、文化育人、管理赋能、特色建设等为抓手，加强课程开发和实施的服务意识和支持力度，大力促进特色课程体系的建设，建构学科优化、实践赋能、个性发展、特长培养、质量领先的学校发展思路，使师生得到个性化的、充满力量的发展，从而提高学校的竞争力、影响力，成为践行新课程的优质品牌学校。

第三章

爱国主义体验课程的
实践建模

爱国主义体验课程具有鲜明的实践性和综合性，建构这一实践体验课程，首先要以核心素养为导向，充分发挥课程的育人功能，围绕爱国主义主题，弘扬学校的办学思想，形成课程育人校本特色。其次，要努力践行义务教育新课程标准的相关重要理念，以情境化教学为核心，培养学生学以致用、学用结合的能力，引导学生学会在真实的生活情境中发现问题和解决问题；以课程整合为重点，开展跨学科、跨媒介的综合性学习活动，让学生运用综合思维和各学科知识，创造性地开展实践活动，解决生活实际问题；以教学评一致性为着力点，发挥评价的导向作用，体现课程学习评价的过程性和整体性。学科教学要从课堂走向生活，实现理论与实践的融合，就要不断探索建构学科综合实践体验课程的有效范式、操作思路和系统策略。本章将以光祖中学省级课题——"基于核心素养的爱国主义体验课程实践研究"为依托，以各学科义务教育新课程标准为指引，探索建构学科综合实践体验课程的基本范式、实施路径和策略，为学科教师提供可资借鉴的范本和案例。

第一节　学科综合实践体验课程的基本模式

　　各学科综合实践体验式课程的具体实施具有鲜明的共性，一方面要体现主题的一致性，即始终围绕核心素养和光祖中学爱国主义育人思想和体系，彰显家国之光，传承学校文化底蕴和办学精神开展教学。具体教学内容包括热爱祖国，热爱人民，热爱祖国的大好河山和灿烂文化；认知并传承光祖中学文化与思想，认知并热爱自己的家乡；认知个人与学校、辖区和社会的关系；探究和挖掘学校或区域文化和人文精神，体验爱国主义精神与综合社会实践活动对学生综合思维能力的培养等。另一方面，在学科综合实践体验课程的操作模式上，必须围绕新课程标准的核心理念，以核心素养为导向，立足培养学生的关键能力和必备品格。为了建构统一的课程模式和培养路径，课题组综合国内目前开展学科综合实践体验课程的研究，结合深圳坪山区、坑梓社区的区情以及光祖中学校情，历经多年实践探索，初步形成了光祖中学校本性学科综合实践体验式课程的教学模式和路径体系。

一、整合优化式

　　学科综合实践体验课程是新课程基于核心素养、情境化教学、跨学科学习等系列课程理念提出的教学组织新形态。20世纪后期，国家对义务教育阶段提出开展活动课程的要求，旨在全面推进素质教育。国家颁布的《九年义务教育全日制小学、初级中学课程计划（试行）》明确规定，中小学必须开设班级团队活动、晨会课、文体活动、科技活动、传统文化活动与社会实践活动等六大类活动课。

这些活动丰富多彩，极大地丰富了学科教学的内涵和学生学习生活，作为课堂教学的重要组成部分，有效地促进了学校素质教育的发展和学生综合素质的提升。各个学校因地制宜，结合教育教学实践，研究探索形成了一系列各具特色、亮点纷呈的综合实践活动。

但是，这些活动还是不够系统，缺乏理论的指导，没有形成发展学生能力和培养学生素质的系统课程，活动的持续性和科学性有待加强和提升。义务教育新课程标准的颁布，为学科综合实践体验课程开辟了一条培养学生关键能力、必备品格和综合素养的有效路径。课题组结合新课程的重要理念，如综合性、实践性、开放性、情境化、整合性等，对传统的综合实践活动进行优化重组、整合创造，充分体现学生自主、合作、探究的学习方式和过程特点，形成践行新课程理念的系统实践课程，并将这些综合实践体验课程与学科教学融为一体，更好地实现课程中"学用结合、学以致用"的教学特点，体现了教与学方式的转变。

这一课程实施模式的优化整合与重构，只需要每个学科在原有活动课程的基础上，结合校情、班情和学情，进行综合实践体验课程的探索，让课堂学习、实践活动有机统一，拓展学科学习的内涵，由课内走向课外，再回归课堂，因此，它实际上是新课程改革理念的落地，而不是另起炉灶，重搞一套。

这一模式的优点在于教师操作起来驾轻就熟，且有利于传承与弘扬学校育人特色和文化底蕴。因此，这一模式也特别适用于一些基础较为薄弱，实施综合实践体验课程较为困难的班级和学科。当然，使用这一模式要处理好传承与创新的关系，守正创新，二者兼得。

二、学科拓展式

学科综合实践体验课程是以学科教学为主要内容，以践行新课程理念为重要方向，以培养学生关键能力和必备品格以及提升综合素养为核心的教学新模式。

基于此，学科拓展式要以学科学习内容为起点，学以致用，学用结合，引导学生将所学知识运用到实践中去，学会在真实的生活情境中发现问题、解决问题。

学科综合实践体验课程既要体现学科内容的特点，又要体现学科内部的整合性和跨学科、跨媒介的融合统整，通过综合性学习和实践，深化对学科本身知识和相关能力教学培养的强化和优化。例如，语文综合实践体验课程、数学综合实践体验课程、道法综合实践体验课程等，这些课程不是一般意义上的综合实践课程，而是以语文、数学、道法知识学习和相关能力培养为主线，而综合运用其他学科的知识和能力进行融合性教学，进而拓展开来，形成一个以学科学习任务为终极目标的主题性综合实践体验课程。

显然，学科拓展式综合实践课程模式强调学科与学科之间的联系，实现跨学科、跨媒介的教学，凸显学科与生活的结合，增强学科学习过程的实践性和综合性，属于"学用结合型"课程学习模式。同时，这种课程模式体现了深度学习，注重学生综合运用学科知识解决生活中实际问题的能力，激发学生学科学习的好奇心、求知欲和想象力等。

三、定向分类式

根据不同学科的特点以及学科与学生成长发展的关系，对学科综合实践体验课程进行定向分类，以便突出学科特色和综合实践课程的亮点，形成综合实践课程的整体优势，也便于学校对各类综合实践课程进行优化组合，有效实施和管理，从而培育学校综合实践体验课程品牌和优秀成果。

具体来说，对定向分类式有两种理解，一种是学校根据不同学科的性质，分别在不同年级或者不同时段分别开设，并在规定的课时内完成大多数学科性综合实践体验课程，而综合性很突出，又是学校传统特色品牌项目的综合实践体验课程，则单独安排课时组织实施。第二种是课题组根据学科与研究主题的关系，从内容和形式两个方面对学科实践课程创设进行定向分类研究，如爱国主义的四个大的维度——爱祖国人民、爱祖国灿烂文化、爱祖国大好河山、爱国家，各学科分别从这四个维度中选取角度开展活动。如地理学科可以融合多个维度内容开展实践课程建构，而语文学科对应"爱祖国灿烂文化"更有优势，道法侧重"爱国家"（如经济制度、政治制度、社会主义核心价值观等）则更有特色。

这一课程模式的优点是便于操作，课时安排和教师配置更加科学合理，课程实施的方向性、针对性、实效性更加突出，但对教师综合素质的要求更高，需要教师不断丰富和提升自身的多学科素养。

四、系列专题式

所谓系列专题式，就是各学科根据学科知识系统，组织系列专题综合实践体验课程。以地理学科为例，针对核心素养的训练课设四大系列专题实践体验课程：人地协调综合实践体验课程（我与自然综合实践体验课程）、区域认知综合实践体验课程（爱我坑梓、坪山综合实践体验课程）、综合思维实践体验课程（地理思维综合训练体验课程）、地理实践力综合实践体验课程等。在这些大的专题下面还可以开展一系列的小专题实践体验课程。又如语文学科，可以按不同系列分类开设专题，按核心素养的四个维度分为文化自信、语言应用、思维发展、审美创造等，按语文学习内容分为阅读、写作、聆听和说话等，按语文新课标任务群分为基础性任务群、发展型任务群、拓展性任务群等。

这种系列专题式课程，是学科深度学习的重要手段，也是践行义务教育新课程标准理念的重要策略和路径，值得引起重视。光祖中学的学科教学实践证明，它是落实新课标理念、促进师生双向成长、提高教学质量、打造学校品牌的有效策略和方法。

这一模式的出现其实也体现了一些新课程改革的理念，如处理好预设与生成、学生自主与教师指导之间的关系。虽然综合实践活动课程是一门非常强调学生兴趣爱好和自主学习的课程，但在实际的操作中，我们发现学生在进行综合实践活动课程的学习时其实也具有一定的盲目性。有的学生并不知道他们真正喜欢学习什么，也并没有明确如何选择学习内容，特别是一些低年级的学生，还缺乏自主学习的能力。这时，教师的指导和宏观规划就显得非常重要。学生是成长中的人，是未完成的人，他们的兴趣是可以逐渐培养的。因此，经过全面规划的系列专题式综合实践活动课程能够让学生接触更为丰富的生活世界，有利于培养他们广泛的学习兴趣和健全的人格。

显然，这一模式较之其他模式，计划性和系统性更强，针对性和有效性兼具，操作起来井然有序。需要思考的是，如何更好地创设情境，激发学生的普遍兴趣和探究愿望，以提高实践体验课程的实效。

五、课题自主式

学科综合实践体验课程有两个最突出的目的，一是体现学生的主动参与、自觉探究，充分彰显学生学习的自主性；二是创设真实生活情境，引导学生运用学科知识发现真实问题，学会提出问题，并在实践中解决问题，真正体现学科教学的情境化。而将这两个任务融为一体的最好方式就是开展"课题自主式"综合实践体验课程的教学。

具体来说，学生根据自己的兴趣爱好自主选择课题，然后与几个兴趣相投的同学组成一个课题组（合作小组），围绕课题展开探究性学习，请相关的学科教师做指导。最后，课题组成员进行研究成果分享展示，并撰写课题研究学习总结报告。

这一模式最大的优点在于可以充分激发学生的学习探究兴趣和想象力，激发他们旺盛的求知欲，同时，赋予学生自主选择探究课题的权力。但这种模式操作难度较大，而且学生的时间和经验也不允许，因此可以作为学科综合实践体验课程的一种创新和尝试。

六、项目主导式

真实生活情境中的问题往往涉及多个学科、多个领域、多种媒介，需要进行跨学科、跨媒介的综合性实践探究，而学生恰恰对这种问题兴趣较浓。因此，开展"项目化主导式"综合实践体验课程具有很强的现实意义和研究价值。

  这种模式以学生为中心，以项目学习为载体，师生之间开展亲密合作来解决跨专业问题。教师要以成果为导向，引导学生围绕一个具体项目，开展项目化探究学习，以项目的选题、计划、实施和评价为主线，开展综合实践体验课程教学。项目主导教学模式具有以学生亲身实践、自主探究为核心的基本特征，是培养学生关键能力，即专业能力、行为能力和社会能力的最有效的方法。其最大优势在于培养学生的动手操作能力，但是操作难度较大，因此各学科可以有选择地使用，也可以在部分学科、部分学生中组织开展，不宜普遍实施。

  当然，综合实践体验课程的模式还有很多，值得去探索和不断创新，为学生开辟更为广阔的学习空间和展示舞台，成就学生、教师和学校。

第二节　学科综合实践体验课程的基本框架

为了规范学科综合实践课程的实施，提高课程教学的效率，促进学生实践能力发展，培养学生创新精神、科学精神和核心素养，全面深入落实学科新课程理念，从而切实提高教育教学质量，需要建构学科综合实践体验课程的基本框架。

由于各学科知识系统具有鲜明的学科特征，因此本课题组着重研究学科综合实践课程的一般范式和基本框架步骤，以便教师结合学科开展实践体验课程教学。当然，学科教师还可以根据教学实际需要，创造性地建构富有学科特色的课程实施流程和教学步骤，不必拘泥于本课程实施框架，彰显学科教学的个性化和教师的独特风格。

光祖中学"基于核心素养的爱国主义体验课程实践研究"课题建构的学科综合实践体验课程基本框架如下。

一、师生共同确立主题

（一）选定部编教材学习内容

以单元或者章节为单位，根据教学要求确立实践体验课程的结合点，包括知识点、能力点和素养点（情感、态度、价值观），将它作为综合实践体验课程主题的立足点。

（二）确立实践体验课程的核心任务

根据课题要求，从"基于核心素养的爱国主义"内涵中选取任务维度和具体任务，可以分别从学科核心素养和爱国主义内涵两个角度遴选实践体验课程任务群。例如地理学科，在核心素养的四个维度中，可以选择"人地协调"这个维度，结合爱国主义思想内容中的"热爱祖国大好河山"，确立综合实践体验课程核心任务。

（三）拟定综合实践体验课程名称

标题要体现教材内容元素和实践体验课程元素的融合，表述简明扼要，清晰准确，如"数学建模优化坑梓社区垃圾分类探究"数学综合实践体验课程实施方案。

（四）简要阐释本实践课程主题的内涵

从主题确立的背景、依据和角度等多个层面进行阐述。背景包括新课程改革的宏观背景、深圳坪山区教育发展的战略、学校办学思想和课题研究的需求。依据主要指新课程统编教材的特点、新课程理念的要求和校情学情等。角度指可以从学科建设和发展、教师专业成长、学生核心素养发展等方面展开说明。

二、教材内容与学情分析（教师完成）

（一）教材内容选择

根据某一单元或者章节教学内容的特点以及教学要求，确立开展学科综合实践体验课程的核心任务或者终极任务，充分发掘教材与生活实践高度契合的知识点和能力点，明确教学知识能力训练的具体内容，要条分缕析，简明准确。

重点要体现"学以致用、学用结合"的课程特点。

（二）学情分析

分类剖析学生对教材知识内容的掌握程度和相关基础知识和基本技能的储备情况，甚至以列表的形式呈现，并在分析的基础上进行概括性的定性判断。

充分调研分析学生参与社会活动，特别是综合实践体验课程的经历和经验积累情况、他们对活动课程的理解和总结成果的能力等，并以定性或者定量的方式评价和阐述，目的在于以学定教，设计切合学生需求的综合实践体验课程。

（三）学习与实践融合分析

主要从教材知识内容与实践课程能力点的对应关系和契合度进行分析，明确学以致用、学用结合，为实践课程情境创设和任务设置奠定基础。可以逐一说明知识点、能力点、素养点和实践活动的对应性，以增强学科知识与综合实践的一致性。

三、确立实践体验课程教学目标

（1）创设真实生活情境的具体内容。

（2）学生参与的任务群设计。

（3）学生实践体验的能力训练关键点。

（4）学生学科核心素养培养侧重点。

根据具体实践课程的需要，对教学目标可以适当增减，以确保任务的清晰和能力训练点的高度吻合，确保对学生实践行动、关键能力以及必备品格的培养能够落到实处。

四、综合实践体验课程教学流程

第一个环节：课前学科知识的初学

这个环节是必不可少的，具体操作可以采取学生自主学习、教师课堂组织自学、教师开展正常课堂教学等多种形式，为学生开展综合实践的前置实地学习探究活动做足准备。

需要强调的是，教师组织这个环节要考虑两点：一是教材知识点充分体现核心素养导向、课程整合、任务群、情境化、跨学科跨媒介、教学评一致性等新课改理念；二是所选内容要有助于学科实践的延伸和拓展或者能够引导项目化学习的开展。简言之，知识点要与能力点形成对应关系，真正体现学以致用、学用结合的实践体验课程的特点。

第二个环节：学生开展实践探究学习

（1）教师将实践终极任务分解为多个小任务，组成任务群，共同支撑终极任务。

（2）学生以小组为单位，开展实践探究活动。具体方式方法灵活多样，主要有观察、调查、采访、查阅文献资料、小组研究、撰写探究报告、准备课堂展示等。

需要强调的是，这个环节至关重要，直接影响综合实践体验课程的质量，因此，对于观察、调查、采访、文献查阅、小组研究等方法，教师要进行具体详细的指导，特别是探究报告的撰写，要给予写法指导，具体写作技巧这里不再赘述。

（3）课前提交小组探究报告。

教师对学生的前置学习探究实践情况进行汇总、分析，指导学生修改报告，并指导课堂成果展示分享，为从实践到课堂教学奠定坚实的基础。

第三个环节：课堂教学展示分享

课堂教学展示分享，实际上就是综合实践课程从课外走向课内，是教学活动的重要环节。为了更好地进行展示，教师应该先撰写好教学设计或者课堂详细教案，对于活动的目标、重难点、教学方法和教学过程进行精心设计，在此基础上，展示实践型体验课程的成果。

1. 师生复习梳理教材知识点

深入理解教材内容，为学生实地探究学习成果展示指引方向、思路和重点等，以加强知识与实践的融合，彰显"学用结合"的体验式学习特点。

2. 学生分小组展示分享实践探究成果

以小组为单位，派代表上台分享，可以采取多种形式进行，如PPT展示、场景表演、主题演讲、课题答辩、小组辩论等，凡是适合学生的方式，都可以采用，旨在培养学生的综合能力和核心素养。

3. 开展多种形式的评价反馈

主要评价方式从评价主体看，有生生互评、教师评价、家长评价、专家评价等。从评价形式看，有定性评价，如特、优、良、中等；有定量评价，如十分制、百分制等，以评价量表的形式呈现。从评价内容看，有过程评价和结果评价。此外，还有具有学科特点的创造性评价，如撰写报告、演讲稿、解说词、课题报告、答辩稿等。这些不同内容和形式的评价，体现了教学评一致性，以评促教，以评导学，将评价导向作为落实新课程理念的有效手段。

为了规范本课题研究中的学科综合实践体验课程设计和教案，要求各学科结合学科核心素养和爱国主义主题，设计出环节完整、特色鲜明、效果突出的教学案例，作为实践体验课程的重要成果之一。

4. 精心设计课后专题作业

学科综合实践体验课程实际上就是在教师指导下的一种课题研究过程，或者说是项目化学习的一种方式，其最大的特点就是以解决生活中发现的实际问题为目标，经过前置学习探究、课堂师生共同学习研究，使学生对所要解决的问题有更加深入的理解和认识，甚至产生更多新的创意和思路，因此，作业就呈现为一种对学习探究问题的再认识和解决方案的完善和优化，从而高效完成实践课程的终极任务。

完成作业是为了进一步完善实践探究学习任务的成果，形成最终的问题解决方案。实际上，这种作业既是学习探究的深化，又是前置学习和课堂学习的评价与反馈，能够有效彰显教学评一致性和评价导向、成果导向等多种作用。

第四个环节：综合实践体验课程的教学反思

教师对综合实践体验课程的反思总结，是课程的重要组成部分，也是教师提升课程设计和教学实施水平的重要手段。我们课题组要求各项目课程组以论文的形式呈现反思和总结，具体内容包括以下几个方面。

1. 捕捉课程从初始到作业全过程中的亮点

主要从学生和教师两个方面去观察和表述，将这些好的经验做法提炼出来，提供课程设计和实施的范例，以便推广使用，形成光祖中学综合实践体验课程的特色和品牌。

2. 发现课程实施全过程中的不足和问题

主要从学科知识的落实和新课程理念的体现，以及真实情境中问题的发现、提出和解决过程的严谨性和科学性等方面去考量，找出值得改进和优化的地方，为本课题研究的深入展开提供完善的思路。

3. 提出优化改进的有效策略和方法

从选题、主题确立、任务设计、前置学习、实地探究、课堂教学、评价设计和作业布置等各个环节提出优化改进的策略和方法建议，对光祖中学本课题的后续深入研究和实践体验课程工作的开展，都具有非常积极的意义和实践价值。

最终形成"基于核心素养的爱国主义体验课程实践研究"的系统成果，即课程实施的基本框架。

第四章

爱国主义体验课程的
实践案例

爱国主义体验课程的教学实践，可以从"爱祖国人民""爱祖国大好河山""爱祖国灿烂文化""爱国家"四个主题展开，还可以沿着这四个方面深入，选择其中一个具体的角度开展主题课程体验式研究探索，例如"祖国的灿烂文化"就可以分解为中华优秀传统文化、革命文化和社会主义先进文化等。仅就其中的中华优秀传统文化而言，就有如民俗风情文化、饮食文化、方言文化、建筑文化、传统节日文化、传统礼仪文化等许多内容值得深入挖掘。总之，各学科可以结合学科内容特点，选准与爱国主义思想教育相契合的点，通过创设真实生活情境，引导学生从课内学习走向课外实践，在实践体验中发现问题、提出问题和解决问题，学以致用，在做中学，从而培养学生关键能力和必备品格。

目前，各学科结合学校省级课题"基于核心素养的爱国主义体验课程实践研究"开展了学科综合实践体验课程案例探索，初步形成了"实践型""体验式"学科典型案例，为践行义务教育新课程标准的先进理念，落实核心素养，提供了可资借鉴的有效经验。

第一节 "爱人民"主题实践体验课程学科案例

热爱祖国，首先就要爱祖国的人民，这是爱国主义的重要表现。我国是一个多民族的国家，有56个民族，14亿多人口。爱人民就要树立为人民服务的思想观念，具体表现在四个方面：一是学会尊重人民，尊重人民的地位、权利和尊严，不得歧视和侮辱人民；二是学会关心人民，关心人民的生活、工作和福祉，关注人民的需求和诉求，尽力为人民解决问题；三是学会保护人民，保障人民的人身安全、财产安全和隐私权，加强对公共安全和环境保护的投入，为人民创造更加安全、舒适和美好的生活环境。作为中学生，要通过学科综合实践体验课程的学习，不断增强热爱人民的感情和能力，树立服务人民、服务社会的意识，努力为社会和他人贡献自己的力量。

案例一："垃圾科学分类，美化坑梓环境"

——数学建模优化垃圾分类管理综合实践体验课程方案

一、活动主题

"垃圾科学分类，美化坑梓环境"。

　　本综合实践活动围绕学生生活中的热点问题展开，倡导垃圾分类理念，旨在营造人人皆知、全民参与的氛围。学生展开调查活动，经历数据收集、整理与呈现的全过程，促进自身的全面发展，增强统计意识，积累活动经验，提高解决问题的能力，培养爱国主义情怀。

二、活动目标

（一）知识能力目标

　　学生通过简单的活动，增强对垃圾分类意义以及重要性的理解，经历垃圾数量的数据收集、整理、描述和分析数据的过程，体会统计应用的广泛性，用数据说明问题的必要性，从而提高自己分析数据、利用数据的能力，增强运用统计知识和方法解决问题的意识和能力。

（二）核心素养目标

　　学生的数学素养及共通性素养的培养，不仅存在于知识的学习中，还存在于知识的应用当中；不仅存在于课堂中，还存在于生活的场景中。通过活动引导学生从数学的角度进行观察与分析、思考与表达，让学生感悟数学知识与生活之间的联系，积累活动经验，获得积极的情感体验，感受数学的力量，形成和发展信息素养、爱国素养以及数据分析素养，帮助学生"会用数学的眼光观察现实世界，会用数学的思维思考现实世界，会用数学的语言表达现实世界"。

（三）课标对应目标

　　主要是认识数据意义，了解简单收集数据的方法，学会呈现数据整理的结果，选择合适的方法分析数据，感受数据中蕴含的信息，形成数据意识，感知大数据分析的重要性，培养重证据、讲道理的科学精神。如对生活垃圾进行研究，通过对垃圾分类数据的收集、整理、分析，提升学生的信息素养，让他们意识到垃圾分类对保护地球资源的重要性，并运用数学知识为社区环境管理提供一份垃圾分类的合理化方案。

三、学情分析

对于垃圾，学生往往只会凭借直观感觉进行分类，并没有真正地明确分类的标准是什么，所以很难体会分类的必要性和价值，因此自觉分类意识不强。初中生已经具备了较多的生活经验，已经学习了统计的相关知识，在统计活动中已经经历了收集数据、整理数据、表示数据、分析数据的全过程，具有了一定的活动经验，但仍存在如下问题：第一，过于强调统计量的计算，忽视对其意义的理解；第二，重在学习相关的知识技能，但缺乏实际的生活经验；第三，应用意识比较薄弱，很难将所学知识应用到实践当中，缺乏果断的决策能力，数据观念有待加强；第四，在解决问题的过程当中缺乏合作精神，没有形成不断反思的习惯。

四、活动过程

第一部分：实地探究（前置学习）

（一）调查

学生利用国庆假期选择以下几个主题（也可以自拟相关主题）展开调查：

（1）了解垃圾的处理方式；

（2）了解分类处理垃圾的优点；

（3）了解垃圾分类的简单知识；

（4）统计自己家每天制造的各类垃圾的类型和件数；

（5）了解本社区居民对垃圾分类知识的了解及执行情况；

（6）在小区宣传栏，向物业以及街道办咨询了解所在小区目前实行的有关垃圾分类的奖励措施，以及奖励措施的实施效果、推进瓶颈、业主对奖励措施的评价等，搜集业主对奖励措施的意见。

（二）教师指导

1. 进行关于垃圾分类的问卷调查

指导学生以小组为单位设计问卷，利用放学后以及周末的时间同社区物业以及业主沟通，以入户走访，线上联系，发放纸质版、电子版问卷等方式，了解大家对垃圾分类的了解状况。

2. 制作垃圾分类指南

指导学生利用互联网知识和生活常识，搜索垃圾分类标准，以绘画形式制作一份垃圾分类指南，大致格式见表4-1-1，也可自行设计。

表4-1-1　垃圾分类指南

可回收垃圾	厨余垃圾	有害垃圾	其他垃圾
例如：报纸、书本……	例如：水果皮……	例如：废弃电池……	例如：砖瓦……

3. 统计家庭垃圾数量

第一步：收集垃圾。指导学生准备两只大的塑料袋，将家中厨房一天中产生的垃圾放入其中一个袋子，将其余生活垃圾放入另一个袋子。

第二步：统计垃圾。指导学生尝试按"名称""重量""种类"等，对垃圾进行统计，并填写表4-1-2。如果家里没有电子秤，可以通过一些常见物体来估算重量，如一枚鸡蛋的重量约50克，一盒牛奶的重量约250克等。

表4-1-2　我家一天的垃圾统计

家中人口：					日期：	
名称						
重量						
种类						
总重量：						

第三步：尝试分类。指导学生统计自己家每天制造的各类垃圾的类型和件数，并将统计好的垃圾进行分类。

第四步：制作统计图。指导学生确定单位长度表示的数量，绘制出垃圾分类数据条形统计图以显示每天制造的垃圾数量，绘制出垃圾分类扇形统计图以显示各类垃圾的占比情况，绘制出垃圾分类折线统计图以表示家庭每天制造垃圾的总量波动情况。

（三）部分前置性学习成果展示

关于垃圾分类的探究调查报告

【基本情况】

成员：谭佳旭　黄莘博　郭轩旭　黄翌乐　冯雨煊　李熙然

时间：2023年9月28日—10月7日

地点：光祖中学

【活动过程】

（一）收集有关垃圾分类的信息

为了更深入地了解垃圾分类情况，我们上网查找了相关资料并加以分析。

1. 垃圾分类基本内容（四类）

（1）可回收垃圾主要包括废纸、塑料、玻璃、金属和布料五大类。

废纸：主要包括报纸、期刊、图书、包装纸、办公用纸、广告纸、纸盒等，但是要注意纸巾和厕所纸由于水溶性太强，不可回收。塑料：主要包括各种塑料袋、塑料包装物、一次性塑料餐盒和餐具、牙刷、杯子、矿泉水瓶等。玻璃：主要包括各种玻璃瓶、碎玻璃片、镜子、灯泡、暖瓶等。金属物：主要包括易拉罐、罐头盒、牙膏皮等。布料：主要包括废弃衣服、桌布、洗脸巾、书包、鞋等。可回收垃圾通过综合处理回收利用，可以减少污染，节省资源。如每回收1吨废纸可造好纸850千克，节省木材300千克，比等量生产减少污染74%；每回收1吨塑料饮料瓶可获得0.7吨二级原料；每回收1吨废钢铁可炼好钢0.9吨，比用矿石冶炼节约成本47%，减少75%的空气污染，减少97%的水和固体废物污染。

（2）厨余垃圾包括剩菜剩饭、骨头、菜根、菜叶等食品类废物，经生物技术就地处理堆肥，每吨厨余垃圾可生产0.3吨有机肥料。

（3）有害垃圾包括废电池、废日光灯管、废水银温度计、过期药品等，这些垃圾需要特殊安全处理。

（4）其他垃圾包括上述几类垃圾之外的砖瓦陶瓷、渣土、卫生间废纸等难以回收的废弃物，采取卫生填埋可有效减少对地下水、地表水、土壤及空气的污染。

2. 垃圾分类的益处

目前垃圾处理还大多采用传统的堆放填埋方式，不仅占用土地，还虫蝇乱飞，污水四溢，臭气熏天，严重污染环境。因此进行垃圾分类收集可以减少垃圾处理量和处理设备，降低处理成本，减少土地资源的消耗，具有社会、经济、生态三方面的效益。

垃圾分类处理的优点如下：

（1）减少占地：生活垃圾中有些物质不易降解，使土地受到严重侵蚀。进行垃圾分类，去掉能回收的、不易降解的物质，可减少50%以上垃圾。

（2）减少环境污染：废弃的电池含有金属汞、镉等有毒的物质，会对人类产生严重的危害；土壤中的废塑料会导致农作物减产；抛弃的废塑料被动物误食，导致动物死亡的事故时有发生。因此回收利用可以减少危害。

（3）变废为宝：我国每年使用塑料快餐盒达30亿个，方便面碗6亿个左右，废塑料占生活垃圾的3%～7%，回收1吨废塑料可回炼600千克无铅汽油和柴油。回收1500吨废纸，可减少砍伐生产1200吨纸的林木。一吨易拉罐熔化后能结成一吨很好的铝块，可少采20吨铝矿、大家还可以利用易拉罐制作笔盒，既环保，又节约资源。生产垃圾中有30%～40%可以回收利用，应珍惜这些小本大利的资源。

3. 借鉴先进经验

德国将废弃的塑料制品、罐头、绿色和白色瓶子、纸张严格地进行分类回收。

蓝色垃圾桶（废旧纸）：报纸、杂志、纸板、信封（不带可视窗口）、鸡蛋盒（纸质）、厕纸内轴卷等。不属于此类的：上过涂料的纸、用过的纸（如厕纸、例假用纸）。

黄色垃圾桶：塑料、铝、饮料罐、白铁皮、泡沫塑料、饮料盒、复合材料、酸奶杯、黄油金、奶油盒等。不属于此类的：纸、玻璃瓶（玻璃瓶应放入玻璃回收桶中，蓝色玻璃瓶属于绿色玻璃回收桶）。

黑色垃圾桶：面包、肉类、柑橘皮、剩饭菜、瓷器、玩具、吸尘器装尘袋（包括其中的灰尘）等。属于黑色垃圾桶的垃圾都为不可再利用和非特殊类垃圾。

肥料回收类：蔬菜垃圾，菜叶，蔬果皮，水果核，花生壳、鸡蛋壳，香蕉皮（不带商标），咖啡、茶叶渣，咖啡滤纸，花泥，花园垃圾等。不属于此类的：柑橘皮（因为腐烂太慢）、面包（以免鼠患）、肉、香肠、肉丸、剩饭菜、奶酪、鱼、烟灰、烟头、吸尘器装尘袋、例假用纸、塑料袋、饮料罐等。

限制类垃圾：家具、床垫、书架、地毯、箱子，按照固定的回收时间，扔在街道边。电池有专门收集地点，比如卖电池的超市。

大型电器：由私人公司按照特定时间收取，可打免费电话咨询。

（二）调查之后的反思和分析

通过调查和分析，可以发现我们目前在垃圾分类做法上与世界先进国家有很大差距，可以借鉴德国等先进国家垃圾分类的成功经验。通过调查，我们认为当务之急是制定严格的法律，强制人们进行垃圾分类，颁布政策和要求，并且加大对这方面的经济投入，利用媒体宣传关于这方面的知识，让人们树立垃圾分类回收的意识。

关于社区居民对垃圾分类了解情况的探究性学习

【基本情况】

成员：李紫涵　高和清　钟欣欣　李连杰　陈朗　李纪司

时间：2023年9月28日—10月7日

地点：光祖中学

【活动过程】

调查问题：涉及垃圾分类九个方面的基本情况。

调查形式：在小区里派发问卷。

关于社区居民对垃圾分类了解情况的问卷调查设计如下。

1. 请问你知道垃圾分为哪几类吗？（多选）

    A. 可回收物

    B. 厨余垃圾

    C. 有害垃圾

    D. 其他垃圾

2. 请问垃圾分类，你能分清吗？（单选）

    A. 四种垃圾都能分清

    B. 能分清一种，知道回收瓶子

    C. 能分清两种，正努力学习中

    D. 分不清，垃圾分类很麻烦

3. 请问你在日常生活中会经常参与垃圾分类吗？（单选）

    A. 经常参与

    B. 从不参与

    C. 偶尔参与

4. 请问你所在的社区（村居）多久开展一次"敲门入户"宣传垃圾分类？（单选）

    A. 经常开展

    B. 从未开展

    C. 偶尔开展

    D. 其他

5. 请问你主要从哪些渠道了解"生活垃圾分类"？（多选）

    A. 电视/广播/广告等

    B. 公共场所宣传栏

C. "敲门入户" 宣传

D. 家人/亲戚/朋友等告知

E. "垃圾分类" 相关活动

F. 其他

6. 针对垃圾分类，你认为最有效的宣传途径是什么？（单选）

A. 电视广告、网络媒体的宣传

B. 政府的号召和规定

C. 杂志、书本的宣传

D. 其他

7. 您所在的小区能很方便地找到分类垃圾桶吗？

A. 是的，在很明显的地方

B. 摆放位置不太合理

C. 没有分类垃圾桶

D. 不太清楚

调查结论：

人们没有意识到垃圾分类的重要性。对于垃圾分类模糊不清，为图省事随便乱扔，使"分类垃圾桶"没有起到应有的作用。从调查情况看，大部分人在垃圾分类上完全没有概念。

学生绘制的调查图表

国庆期间单日垃圾总重量统计调查表

日期：10月1日—10月5日　　　　　　　　　调查户数：10户

日期	10月1日	10月2日	10月3日	10月4日	10月5日
重量/kg	30.3	29.4	27.1	28.6	25.8

（重量数据四舍五入到十分位）

国庆期间单日垃圾重量折线统计图

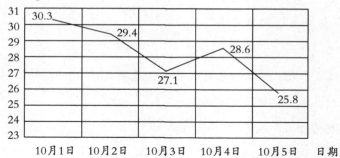

国庆期间单日各类型垃圾总重量统计调查表

主要类型	可回收	其他	厨房	有害
重量/kg	31.6	71.4	37.1	1.1

（重量数据四舍五入到十分位）

国庆期间单日各类型垃圾总重量条形统计图

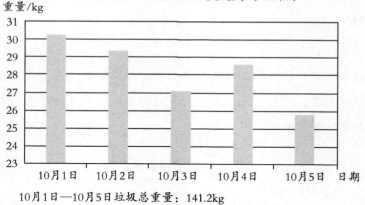

10月1日—10月5日垃圾总重量：141.2kg

国庆期间各类垃圾占比扇形统计图

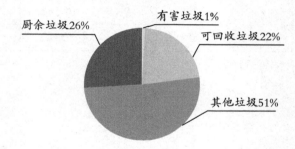

第二部分：课例设计

（一）教学目标

（1）让学生复习巩固数据的收集与分析的相关方法，并通过对数据的收集和处理的探究活动，感受抽样的必要性，体会统计应用的广泛性，增强运用统计知识和方法解决问题的意识与能力。

（2）通过对垃圾分类问题进行探究，引导学生关注社会，用所学的数据的收集和处理知识解决实际问题，积累用统计知识研究问题的经验。

（3）引导学生针对实际问题联系多门学科知识，借鉴各自的优势，从多元角度解决问题。

（二）教学过程

1. 情境引入

（1）了解有关"垃圾围城"、垃圾处理的知识

"垃圾围城"成为全球问题，垃圾是城市发展的附属物。城市垃圾不断增加，到处弥漫着垃圾恶臭，城市垃圾问题十分棘手。高速发展中的中国城市，正在遭遇"垃圾围城"之痛。在一些垃圾管理较好的地区，大部分垃圾会得到卫生填埋、焚烧、堆肥等无害化处理，而更多地方的垃圾则常常被简易堆放或填埋，导致臭味蔓延，并且污染土壤和地下水体。

垃圾无害化处理的费用是非常高的，根据处理方式的不同，处理1吨垃圾的费用约为一百元至几百元不等。人们大量地消耗资源，大规模地生产，大量地消费，又大量地制造着垃圾，后果将不堪设想！

统计数据显示，全国城市垃圾历年堆放总量高达70亿吨，而且产生量每年以约8.98%的幅度递增。北京每天产生垃圾1.83万吨，每年增长8%，而北京市的垃圾处理能力，仅为每日1.041万吨，缺口近8000吨。据2010年上海市社科院调查，截至2010年年底，上海生活垃圾日产生量达2万吨。同样，广州作为华南地区人口超千万的超大城市，每天产生的生活垃圾多达1.8万吨。

教师提问：从刚刚的资料中你能发现什么信息？

学生发言，从各个角度描述图片所包含的信息。

设计意图：借助新闻报道视频和图片向学生客观、真实地展示"垃圾围城"的情况；让学生初步感受到城市垃圾问题的严峻性，并意识到垃圾分类、保护环境已经刻不容缓，激发学生的学习动机。

（2）认识垃圾分类

（课件展示）

垃圾分类：按一定规定或标准将垃圾分类储存、分类投放和分类搬运，从而转变成公共资源的一系列活动的总称。分类的目的是提高垃圾的资源价值和经济价值，力争物尽其用。

垃圾分类的好处：

① 减少土地侵蚀：生活垃圾中有些物质不易降解，使土地受到严重侵蚀。垃圾分类，去掉可回收的、不易降解的物质，减少垃圾量达60%以上。

② 减少污染：废弃的电池中含有金属汞、镉等有毒的物质，对人类有严重危害；土壤中的废塑料易导致农作物减产。垃圾分类有利于垃圾的无害化处理，减少了垃圾处理的水、土壤、大气的污染风险。

③ 变废为宝：1吨废塑料可回炼600千克的柴油；回收1500吨废纸，可减少砍伐生产1200吨纸的林木；垃圾焚烧可以发电。

国家发展改革委、住房和城乡建设部印发的《"十四五"城镇生活垃圾分类和处理设施发展规划》提出，到2025年年底，全国城市生活垃圾资源化利用率达到60%左右；全国垃圾分类处理收运能力达到70万吨/日左右，基本满足地级及以上城市生活垃圾分类收集、分类转运、分类处理需求；鼓励有条件的县城推进生活垃圾分类和处理设施建设；全国城镇生活垃圾分类焚烧处理能力达到80万吨/日左右。

截至2023年8月底，深圳四类垃圾回收处置量实现"三增一减"。与三年前相比，可回收物回收量增长50.3%，有害垃圾回收量增长49.1%，厨余垃圾回收量增长200%，其他垃圾处置量下降7.9%。全市生活垃圾回收利用率和资源化利用率分别达48.8%和87.7%。厨余垃圾分类难度大，其分类率是评估垃圾分类工作的关键指标，深圳厨余垃圾分类率达到26.1%，远超住房和城乡建设部规定的20%标准线，全市生活垃圾减量和资源化利用水平得到长足提升。

设计意图： 从国家层面介绍垃圾分类对环境、资源等方面的积极影响，引起学生共鸣，让学生意识到，垃圾分类如今已不再单单是个人问题，而已经被提升至爱祖国、共筑中国梦的政治高度，更明确要为美化坑梓尽绵薄之力。用数据说话，激发学生对周边垃圾分类情况进行调查，倡导居民进行垃圾分类的热情。

2. 举例分析

作为一名中学生，我们可以利用所学过的哪些知识来为垃圾分类做出自己的贡献呢？请看下面的例子。

某小区一共有25栋楼，表4-1-3是其中某栋楼一周各类垃圾收集状况的统计表。（单位：kg）

表4-1-3　×小区×栋楼一周各类垃圾收集状况统计

项目	周一	周二	周三	周四	周五	周六	周日
厨余垃圾	73.5	60.2	78.2	63.5	56.8	92.9	89.0
其他垃圾	50.4	42.3	58.2	76.3	40.3	70.2	70.3
可回收垃圾	23.2	20.3	22.1	20.4	18.5	31.3	33.5
有害垃圾	0.3	0.25	0.15	0.22	0.14	0.48	0.63

（1）根据表4-1-3，绘制本周各类垃圾对应的扇形统计图，并分析哪类垃圾所占的比例最大。

（2）根据表4-1-3，利用合适的统计图展示出本周各类垃圾数量变化的趋势。

（3）该栋楼共有150户家庭，平均每天每户家庭会产生多少垃圾？请你估计该小区本周产生了多少千克的厨余垃圾。

（4）每吨厨余垃圾经生物技术处理堆肥，可生产0.6吨～0.7吨有机肥料，有利于改善土壤肥力，减少化肥施用量。该小区一周的厨余垃圾经过生物技术处理后，能产生多少吨有机肥料？

学生活动：

（1）学生在教师的引导下，针对表4-1-3，用软件做出相应的各类统计图，并分析哪一类统计图最适合展示该小区本周各类垃圾数量变化的趋势。

（2）学生根据以上问题，回顾所学的相关知识。

设计意图： ①设置的例题富有浓厚的生活气息，把生活垃圾分类和减量处理知识纳入课堂教学，引导学生利用数据分析问题，获取信息，并估算预测规律；培养学生的数据读取能力，引导学生多维度读图，从而点亮学生的数学学习热情，提升学生的数学思考力。②用软件生成统计图，让学生体会信息技术应用带来的便捷之处。③通过案例分析，引导学生回顾已学的知识，为学生在下一环节中更好地展示做准备。

3. 展示小组调查成果

每个小组各选取一名代表上台发言。展示前置性学习中本组的调查主题、调查的具体问题、调查的过程以及最后的结论等。在各小组展示的过程中，用白板展示各小组的调查报告以及绘制的统计图。小组代表描述自己在调查过程中所发现的有关垃圾分类的相关问题。

这里选取了一组学生的展示：

垃圾分类，
生活更美好

七年级10班　张子程组

01 国庆期间垃圾统计

02 垃圾分类情况

图4-1-1 学生设计展示

学生活动：展示本小组调研的主题及过程，并结合自己所做的统计图展示调查的结论。

设计意图：①通过展示调查报告，明确调查活动的基本步骤和具体做法。②在此过程中，学生更深刻地体验了数据收集、处理、分析和推断，理解了抽样调查的方法，体验用样本估计总体。学生不仅用绘制的扇形统计图、条形统计图来表示数据，并且还借助网络查阅相关资料，搜索相关知识链接，在课堂上进行相关知识的普及。另外，学生还开动脑筋展开猜想，通过查阅资料或结合自身经验进行验证，多维度地读取数据。③通过了解小组间不同的调查方式，学生感受到收集数据时应注意广泛性和代表性。

4. 小组交流，相互点评

（1）小组展示互评

结合各小组的调查报告、绘制的统计图以及小组的发言展示，相互进行评价，并完成表4-1-4。

表4-1-4 小组之间互评表

汇报组别：			汇报主题：	
汇报人：	评价者：		评价者组别：	
一级指标	二级指标		分值	得分
作品的内容（30分）	条理清晰，观点明确，设计的方案有一定的创造性		10	
	图表美观，内容完整，无科学性错误		10	
	统计了足够数量的数据，能使用恰当的统计图表		10	

续　表

汇报者的表现（10）	语言流畅，表达清晰	3	
	回答问题有针对性	4	
	能在规定时间内完成	3	
小组协作学习（20分）	小组成员能和谐相处	6	
	回答问题时组员间能发挥合作精神	7	
	该小组成员在研究过程中为其他小组提供帮助	7	
听完汇报后我的问题：			
评价意见： ·优点： ·需改进之处：			

　　设计意图：评价过程是关注他人的创作背景、思维模式，总结他人优势与不足的过程，是深度认识同伴的过程，也是"知彼"的思维过程。这不仅是一种高阶思维的发展方式，也是学生社会性发展的一种方式，是直接指向学生核心素养发展的一种新的评价。学生在大量评价他人作品的过程中逐步认识到事物的多面性，再在改进自己作品的过程中，认识到自己思维过程的优势和不足，通过这一思维过程，逐步树立创新意识，保持自己的特点，在追求共性的基础上实现个性的发展，思维能力得以螺旋式上升，核心素养得以发展，最终

通过评价活动达到"知己知彼"的目的。

（2）小组讨论交流

① 你认为对于垃圾分类，我们还需要关注的问题有哪些？我们可以通过什么方式获得这些问题的相关信息？

② 如果再进行类似活动，你们小组哪些方面可以做得更好？

③ 作为一名中学生，可以通过什么方式为提升社区居民垃圾分类参与率献计献策？

学生活动：学生以小组为单位进行讨论，班级交流，相互补充，并对讨论出来的问题进行分类。

设计意图：在小组交流与讨论中，学生各抒己见，获得了直接与间接经验，丰富了学习体验，并对需要关注的问题进行了分类，以便接下来更明确地对不同类型的问题进行分析和调查。通过交流，学生学会收集数据、处理数据的方式方法等，并尝试对数据的合理性及分析结果进行评判与反思。

部分小组的建议如下：

第一，对垃圾桶进行更加细化的处理。建议一些小区增加"厨余垃圾"垃圾桶和"有害垃圾"垃圾桶，并贴上醒目的标签。

第二，采取有效的宣传措施。可以在街道或社区宣传栏普及垃圾分类的知识，或者在社区开展宣传讲座，张贴宣传标语等。

第三，垃圾回收处理站建立完善的垃圾分类体系。

5. 课堂小结

教师提问：

（1）本次调查活动，我们用到了哪些研究方法？

（2）我们还可以利用这些方法解决哪些生活中的问题？

（3）学了今天的课程，你有哪些感想？

学生活动：发言并提炼出统计、调查分析、文献查阅等调查方法。

设计意图：通过发言，教师引导学生回顾调查活动的具体步骤。本次活动中，学生经历数据收集，学会了创造；经历灵活处理数据，学会了选择；经历多维读取数据，学会了思考；体验数据的随机性，学会了发现。而这些正是大数据时代利用统计学建立模型及数据分析的方法，也是数学的核心素养。

分析解决问题的方法，让学生体会统计学的实用性，感受统计学功能的强大。统计学还能服务于各行各业，对于今后的生活中遇到的问题，我们同样可以利用统计学的方法去解决。引导学生继续用数学眼光去观察现实世界，用数学思维去分析现实世界，用数学语言去表达现实世界，服务祖国，实现健康中国战略，共筑中国梦。

在最后引出统计学专业很出色的大学，当听到清华大学统计学在国际上享有盛名，并要继续打响清华"数据科学"品牌时，学生的家国情怀油然而生。

布置作业：

（1）以小组为单位，完成一份社区建议书，就本次调查活动中所得到的数据进行分析，对值得推广的经验进行小结，初步形成参与社会决策的意识。

（2）为了增加社区居民对垃圾分类的参与度，可采用一些激励制度，如每次参与垃圾分类后，可得一枚小印章，用积分兑换小礼品、优惠券等。

（3）请你利用本次综合实践课中得到的数据，设计一份切实可行的积分制度，为社区的垃圾分类工作出谋划策。

设计意图：居民是城市生活垃圾的主要产生者，也是垃圾分类源头减量和分类投放的实施者，提高居民生活垃圾分类意愿及分类投放参与率对于源头减量意义重大。让学生对于垃圾分类工作更加具有参与感，提升学生的环保意识，感受课堂所学在社会生活中的应用。

五、课后反思

数学综合实践活动的实施是数学学科发展与数学教学发展的必然要求，是新课程的一大亮点，它为学生学习方式的多样化提供了空间与时间，使学生的数学发现与探索活动得以真正开展起来。数学综合与实践活动课程的实施与研究，是进一步推进课程改革的需要。为了贯彻这一理念，光祖中学在国庆假期给学生布置了一项综合实践活动作业，从学生反馈的结果来看，"数学综合实践探究活动"的实施对学生产生了积极的影响，提高了学生学习数学的兴趣和主动性。数学综合实践活动与生活联系更紧密，活动形式多以学生自主活动和合作学习为主。它以生活中的实际问题为研究课题，对语言和数理逻辑方面的能力要求相对较低，而对理解能力、动手能力、应用能力和创造能力要求较高。

（一）活动亮点

第一个亮点——活动内容可操作性强。本次活动以生活中常见的垃圾分类为主题，学生在教师的指导下，通过查阅资料、问卷调查、实地走访、制作垃圾分类指南、收集统计分类垃圾等方法，对小区居民每天扔垃圾的情况进行抽样调查并制作统计图，调动了学生的学习积极性，激发了学生的学习兴趣，甚至有些在学习上有困难的学生，在前置学习中都能做一些自己力所能及的统计调查，为此次活动提供数据支撑。

第二个亮点——活动主题意义深远。第一，同学们表示，通过此次活动，自己对垃圾分类工作认识更到位了，对于一些不常见的垃圾或者不知道怎么分类的垃圾，同学们都想办法主动去获取相关知识，例如询问家长、自己翻阅相关书籍或者上网查资料等，培养了自主搜索资料和自主学习的能力。第二，在参与活动的过程中，同学们不断更新自己的知识，不断实践，通过收集数据、处理数据、分析和推断的过程，理解了抽样调查的方法，体验用样本估计总体，并发现了一些新问题。第三，学生在课堂上学到了垃圾分类对环境、资源等方面的积极影响，更明确要为美化坑梓、深圳尽绵薄之力，并从国家层面产生共鸣，意识到垃圾分类如今已不再单单是个人问题，而已经将其上升到爱祖国、共筑中国梦的政治高度。

第三个亮点——活动落实数学核心素养培养。第一，每个小组各选取一名代表上台发言，展示前置性学习中本组的调查主题、调查的具体问题、调查的过程以及最后的结论。各小组在展示的过程中，用白板展示各小组的调查报告以及绘制的统计图，用数学的语言描述自己在调查过程中发现的有关垃圾分类的相关问题，提升了问题的数学描述能力和数学交流能力。第二，通过回顾本次调查活动中所用到的知识，学生加深了对已学知识点的理解。在此过程中，学生更深刻地体验了数据收集、处理、分析和推断的过程，理解了抽样调查的方法，体验用样本估计总体。学生用自己亲手收集的数据分析估算出整个坑梓、深圳的垃圾情况，在这一过程中提升了统计分析的能力。第三，通过小组交流与讨论，学生为提升社区居民垃圾分类参与率献计献策，提升了探究与解决问题的能力。如采用一些激励制度，每次参与垃圾分类后，可得一枚小印章，用积分兑换小礼品、优惠券等措施增加社区居民对垃圾分类的参与度。

第四个亮点——活动有利于学生品格培养。在活动后的日常生活中，可以观察到学生的环保意识得以加强，每一个同学都把自己手上的垃圾及时分到了正确的垃圾桶，大家都学会了垃圾分类，并且意识到了垃圾分类的重要性。每一个同学都行动起来了，虽然垃圾比较脏，但是也没有人反对这次的活动，因为大家都知道保护环境，要从自己做起，养成了丢垃圾要分类的习惯，知道了垃圾回收有利于保护环境，可以减少资源的浪费。

（二）不足之处

第一，样本采集时，仅发纸质问卷或通过互联网派发电子调查问卷，不排除调查者社会关系网相对狭窄而导致被调查人员范围相对狭窄的情况。

第二，样本较为单一，被调查人员特征区分度不高，居住区域相对集中在社区（小区），年龄相对集中在青年段，受教育程度及个人月收入均在中上水平，不能准确反映出其他特征人群对于激励措施影响生活垃圾分类意愿和行为的情况。

第三，本次调查问卷收集时间略仓促，基层落实政策执行时间考虑不周，存在样本收集量不够的问题。

第四，调查问卷在生活垃圾分类行为的问题设置上，选取了每周分类频率作为参考指标，带有一定的主观性。

（三）优化建议

针对此次活动中存在的一些问题，可以从以下几点进行优化。

第一，为了增加数据的数量、范围和随机性，使得统计结果更接近真实情况，可以让每一位同学都进行数据收集，并要求随机选取参加调查的住户。

第二，增加问卷的变量数，比如增加居住区域的选择，可分为农村和城市；平衡被调查者性别的数据之差，减少性别因素对试验结果的影响；对年龄段进行分层，比如每10年分为一个年龄段，这样可以通过数据探究年龄对垃圾分类产生的影响，从而为后续策略的制定提供帮助；对被调查人的受教育程度进行分层，可分为初中学历以下、初中学历、高中学历、大专学历、本科学历及以上，这样可以通过数据探究被调查人的受教育程度对垃圾分类产生的影响；等等。以上这些因素可以作为学生分析问题和提出方案的依据，增加学生的思考维度。

第三，对小组的社区建议书的实施效果进行反馈，对实施前后的结果进行对比，总结实施过程中遇到的困难，让学生体会到具体问题的解决，需要建立数学建模并不断优化，才能达到更好的应用效果。

案例二："感受生活，关心社会"学科综合实践体验课程方案

一、活动主题：感受生活，关心社会

感受生活，关心社会主题的确立背景、依据和价值分析是基于人们对美好生活的追求和社会发展的需要。以下是该主题的背景、依据和价值分析。

背景：随着社会的发展和进步，人们对于物质生活的需求逐渐得到满足，更多的人开始关注社会问题、人与人之间的关系以及社会的公平正义等议题。

这种关注不仅是个人内心追求的体现，也是社会进步和发展的需求。

依据：人的成长是不断社会化的过程，人的发展离不开社会，每个人都从社会中获得物质支持和精神滋养。亲社会行为在人际交往和社会实践中形成，青少年要主动了解社会，关心社会发展变化，积极投身于社会实践。

价值分析：感受生活，关心社会主题的确立具有重要的价值意义。首先，它能够促使个人更加关注社会问题，增强社会责任感和公民意识。通过关心社会主题，人们可以更好地了解社会现状和问题，积极参与社会事务，推动社会的进步和发展。其次，关心社会主题有助于促进社会的和谐稳定。通过关注社会问题，人们可以发现问题、解决问题，提出建设性的意见和建议，推动社会的改善和进步。此外，关心社会主题还能够培养个人的社会责任感和公共意识，促进社会的共同进步和发展。青少年形成亲社会行为有利于养成良好的行为习惯，塑造健全的人格，形成正确的价值观念，获得他人和社会的接纳和认可。

二、活动目的

（一）知识能力目标

（1）引导学生产生了解、关心、融入、服务、奉献社会的愿望和意识，树立积极的生活态度。

（2）引导学生提高进入社会、适应社会的能力。

（二）核心素养目标

（1）政治认同：树立积极的生活态度，关注社会、了解社会、服务社会，增进关心社会的情感，自觉践行和弘扬社会主义核心价值观。

（2）道德修养：养成亲社会的行为习惯，做社会的好公民。

（3）责任意识：树立主人翁意识，对自己负责，关心集体，关心社会，积极参与志愿者活动、社区服务活动。

（三）课标对应目标

以"社会中的我"为议题，通过角色扮演和讨论等方式，理解社会上的各种角色以及各种角色之间的社会关系，"认识社会关系的总和"；在与他人的交往中正确认识自我，认识个人与集体、社会和国家的关系。

三、学情分析

我们每个人都生活在社会之中，初中生从家庭走向学校，在学校参与社会实践活动，有了一定的社会实践能力，为个人积极融入社会、热爱国家打下了情感基础。很多同学认为现在的任务是学习，走入社会是以后的事情；随着网络时代的到来，很多同学开始与社会日渐疏远，成为网络时代的"宅男宅女"。这些问题的出现，不仅淡化了社会对个人的影响，并进一步导致了一些社会问题的出现，如情感的冷漠、社会责任感的缺乏等。

四、活动过程

活动以小组形式开展。

第一部分：实地探究（前置学习）

活动要求：引导学生认识社会关系的总和，领略生活中的方方面面；给学生有针对性的引导和建议，不断增进学生关心社会的兴趣和情感；鼓励学生走近自然，打卡坪山步道；鼓励学生探访深圳各类自然景观和人文胜地，感受深圳特色；鼓励学生饱览祖国大好河山，体验各地人文；也鼓励学生做手工、做家务、做公益，做一切学生喜欢且能提升创新能力和实践能力的实践活动。在作业设计上，必修和选修相结合，增强活动的开放性与选择性，让学生切实体验社会生活的丰富多彩，逐步培养其亲社会行为。

活动一：学生绘制社会活动轨迹图及社会关系网络图

设计意图：使学生进一步理解"我"与社会的关系，为承担相应的社会责任做好准备。

活动二：社会实践活动学生展示

1. 云游天下

学生根据综合实践体验课程的任务要求，利用节假日参加各种旅游研学活动，观赏大自然优美风光和饱含历史文化底蕴的人文景观，自觉培养对祖国大好河山和灿烂文化的了解、认识，增强对国家的认同感和自豪感，提高文化自信素养，弘扬社会主义核心价值观，发展地理实践力和创新力，不断增强社会责任感，学会服务社会、奉献社会，强化公民意识。

2. 走读深圳

深圳有很多高新企业、大学城，也有很多红色革命遗址、特色建筑、各类展馆、自然景观，学生利用假期走读深圳，了解不一样的深圳。他们利用休息时间，与家人一起参观红色教育基地，如东江中队纪念馆，了解深圳的革命历史文化；参观红立方科技馆、少年宫等，了解深圳高新科技发展的状况，培养区域认知素养，了解深圳的革命历史和改革开放以来取得的巨大成就，增强对家乡的热爱。在走读深圳的过程中，学生的地理核心素养、政治道德素养和社会责任意识等都得到综合发展，也增强了对国家的制度自信、科技自信和文化自信，促进必备品格和关键能力的发展。

3. 公益明星

有的学生到垃圾箱前指导社区居民进行垃圾分类，到社区学习垃圾分类知识，学会对家庭垃圾进行分类，有的学生在日常生活中实施"光盘行动"，还有的学生用废旧材料制作手工作品、参与旧物回收捐赠活动。

4. 创新DIY

著名教育家苏霍姆林斯基曾说，"儿童的智慧在他的手指尖上"，一些精妙且具有奇思妙想的行动都能够激发学生无限的想象力和创造力。学生积极参与青少年DIY志愿手工活动，学习绘制团扇，传承传统文化，培养综合思维和实践能力，培养热爱祖国灿烂文化的情怀。

设计意图：教师利用学生的社会实践活动经历创设情境，引导学生初步感受人生活在社会中，人与社会不可分，社会生活丰富多彩，并引导他们从中总结如何养成亲社会行为，从而将感性认识上升到理性认识，培养责任意识。

第二部分：课堂展示

课堂导入：社会生活情景图片展示。

设计意图：引导学生感悟参与社会生活的多种方式，建立起观察和体验社会生活的视角。

子议题一：绘制社会活动轨迹图及社会关系网络图。

学生活动：学生绘制社会活动轨迹图及社会关系网络图。

设计意图：使学生进一步理解自己与社会的关系，为承担相应的社会责任做好准备。

子议题二：社会实践活动展示。

学生活动：对社会实践活动进行展示。

设计意图：教师利用学生的社会实践活动经历（云游天下、走读深圳、公益明星、创新DIY）创设情境。

子议题三：在社会课堂中成长。

学生活动：学生进行探究思考。

设计意图：在实践过程中进行探究思考，主动关注社会发展变化，并在此基础上积极投身社会实践，践行亲社会行为。

五、活动反思

"在社会中成长"这一堂课教学内容的主要目标是引导学生积极参与社会生活，在社会生活中关爱其他社会成员，自觉服务社会、奉献社会，养成亲社会行为，主要抓住关爱他人、与人为善、服务社会、奉献社会等主题，围绕生活中人与人、人与社会的关系这条主线展开。

备课中的收获。立足大单元设计来尝试，要敢于打破教材结构的限制，学会整合教学内容。本节课从暑假生活的热点大事与学生经历的身边小事入手，利用暑假热点事件的深度剖析和教材第一单元"走进社会生活",引导学生关注社会变化和发展,感受社会生活的绚丽多彩。在前期小组搜集整合资料的过程中,深度学习,深度理解,促进学生核心素养发展,让他们模拟联合国现场发言,从不一样的角度为学生带来新奇且有价值的引领。

上课中印象最深刻的片段。小组积极分享提炼概括的观点,学生的表达能力和组织能力有很大提升。各小组把资料合并的同时,整合、归纳、筛选资料的能力有了进一步的提升。课程中适时对学生进行正确引导——作为中学生,我们要树立积极的生活态度,关注、了解、服务社会,"家事国事天下事,事事关心"。

第二节 "爱大好河山"主题实践体验课程学科案例

爱国主义思想的重要内涵之一，就是热爱祖国的大好河山。我国地大物博，资源丰富，自然风光绚丽多姿、人文景观丰富多彩，名山大川，风光旖旎；历史遗迹，底蕴深厚；建筑文化，灿烂迷人。学会欣赏大好河山的美丽，讴歌壮丽景色，保护好风景宜人的自然环境，利用好珍贵无比的资源，是每一个华夏儿女的应尽职责和使命担当。引导学生通过学科综合实践体验课程，去发现美、感受美、欣赏美和创造美，为祖国大好河山增光添彩。

案例："用英语讲好中国故事"学科综合实践活动课程方案

一、活动主题：用英语讲好中国故事

本活动分为"文化自信篇""科技自立自强篇"和"用英语讲好中国故事篇"三个主题。

主题确立的背景、依据和价值分析：中国有坚定的道路自信、理论自信、

制度自信，其本质是建立在5 000多年文明传承基础上的文化自信。2016年5月和6月，习近平又连续两次对"文化自信"加以强调，指出我们要"坚定中国特色社会主义道路自信、理论自信、制度自信，说到底是要坚定文化自信"。

我们国家虽然有强大的文化根基和强劲的文化发展势头，但事实不容忽视，那就是中国目前还只是一个文化大国而不是一个文化强国，文化软实力的表现与物质硬实力的日益强大并不相称。如何提高文化软实力，践行文化自信，让中华文化走向世界？习近平指出，"提高国家文化软实力，要努力展示中华文化独特魅力"，要"把跨越时空、超越国度、富有永恒魅力、具有当代价值的文化精神弘扬起来，把继承传统优秀文化又弘扬时代精神、立足本国又面向世界的当代中国文化创新成果传播出去"，他还指出，"要以理服人，以文服人，以德服人，提高对外文化交流水平，完善人文交流机制，创新人文交流方式，综合运用大众传播、群体传播、人际传播等多种方式展示中华文化魅力"。

当前，我们国家遭遇某些核心技术"卡脖子"的问题，如何培养初中生的文化自信和科技自立自强的精神，并在此基础上培养他们运用英语讲好中国故事的能力，就是本课程的主题。

二、活动目标

（一）核心素养目标

英语课程要培养的学生核心素养包括语言能力、文化意识、思维品质和学习能力等方面。

劳动教育要培养的核心素养，即劳动素养，主要指学生在学习与劳动实践过程中逐步形成的适应个人终身发展和社会发展需要的正确价值观、必备品格和关键能力，是劳动课程育人价值的集中体现，主要包括劳动观念、劳动能力、劳动习惯和品质、劳动精神。

美术课程要提升学生的审美感知能力，提高学生的艺术表现能力，让学生学会发现并解决问题、提升创意实践能力，了解不同区域、民族和国家的历史文化传统，理解文化与构建人类命运共同体的关系，学会尊重、理解和包容。

信息技术学科核心素养包括信息意识、计算思维、数字化学习与创新及信息社会责任四个核心内容。

（二）知识能力目标

英语知识能力在于运用语言和非语言知识以及各种策略，参与特定情境下相关主题的语言活动时表现出来的语言理解和表达能力。它的总目标是让学生能够在感知、体验、积累和运用等语言实践活动中，认识英语与汉语的异同，逐步形成语言意识，积累语言经验，进行有意义的沟通与交流。

劳动教育学科知识能力指顺利完成与学生个体年龄及生理特点相适宜的劳动任务所需的能力，是个体的劳动知识、技能、行为方式等在劳动实践中的综合表现。主要表现为：学生具备基本的劳动知识和技能，能正确使用常用的劳动工具；能在劳动实践中增强体力、提高智力和创造力，具备完成一定劳动任务所需要的设计能力、操作能力及团队合作能力。

美术学科知识能力目标是了解美术作品产生的背景及不同时代、地区、民族和国家的美术特征，知道中国古代经典美术作品，以及近现代反映中华民族追求独立解放和党团结带领人民进行革命、建设、改革的美术作品，增强对伟大中国、中华民族的情感，传承红色基因，坚定文化自信，形成开放包容的心态和人类共同体意识；能创作平面、立体或动态等表现形式的美术作品，创造性地表达对自然与社会的感受、思考和认识，发展创造性思维能力。

信息技术学科知识能力目标是掌握信息科学、信息技术的基本知识，培养采集、加工以及发布信息等处理信息的基本技能。

三、学情分析

初中学生处于青春期，分析他们的学情需要综合考虑多个方面的因素。

第一，部分学生没有养成良好的学习习惯，上课搞小动作，开小差，不认真听讲，自制力较差；极少部分学生还厌学，甚至存在心理障碍。而他们的家长大多数都是务工人员，有些家长还离异，所以学生缺乏与家长的交流，缺少关爱，因而学生渴望被关心、被关注、被肯定。但大多数学生还是有着广泛的兴趣爱好，性格开朗，心理健康，愿意与老师和同学们交流分享。

第二，学生对于不同学科或者课程的兴趣程度不同，对于趣味活动多的学科兴趣就浓，反之则提不起兴趣；学生对基础知识的掌握停留在机械记忆状态。

第三，学生面对困难意志力较弱；由于学习方法不当，理解能力较差。

第四，初中学生正处于认知能力迅速发展阶段，他们的思维方式逐渐由形象思维转向逻辑思维。他们更适合参与综合实践体验学习活动，以促进思维能力提升。

第五，学生有小组合作学习的良好习惯，比较善于开展合作学习探究活动，对于综合实践体验课程活动兴趣较浓，有一定的实践能力。

四、活动项目

项目名称——"小生态养殖：智慧农业之池塘生态养殖项目设计与实施"。

第一部分：实地探究（前置学习）

（一）活动要求

背景与理据：为什么要建立池塘生态系统？

（1）深圳、广州等大城市里的孩子们普遍没接触过池塘养殖，难以直观、理性地理解池塘生态系统和生态养殖，所以当初中学生学到"生态系统""水质检测指标""物联网与智慧农业"等学科核心概念和"生态养殖""人与自然生命共同体"等生态文明建设思想时，总是感到很抽象，难以与实际生活建立连接。为了让学生们在实践操作中学习、体悟以上的学科核心概念和知识，重塑知识和技能结构，增强解决问题的能力，从以下三个方面来设计项目式学习：一是池塘生态系统的建立；二是水循环过滤设施的完善；三是建立每天24小时物联网实时监控平台，高效完成池塘水循环、水质监测以及音乐增氧控制。最终形成跨学科综合实践活动——光祖中学智慧农业之池塘生态养殖系统。

（2）党的二十大报告提到，"尊重自然、顺应自然、保护自然，是全面建设社会主义现代化国家的内在要求。推动绿色发展，促进人与自然和谐共生"。新时代中学生应该增强自身环保资源意识，积极参与生态建设实践。引导学生学习理解池塘生态系统和生态养殖的特点和规律，就是项目式学习的核心问题。

（二）实地探究

以任务为驱动，学生开展线下鱼塘水质观测，对水质、环境及其与鱼类生长的关系进行充分了解，并开展小组研究分析，初步形成水环境和水质监测探究小报告，为下一步课堂展示做准备。

设计两个驱动任务如下：

（1）了解健康水生动物如何放养，鱼塘水质指标监测制度怎样建立，如何种植水生植物和开展绿岛建设，建造水循环过滤设施的意义等。

（2）了解池塘的生物需要怎样的生存环境，判断池塘水质的指标怎么确定，以及循环水的价值和作用等。

第二部分：课堂展示

（一）项目学习目标

（1）通过小组合作，学习观察、记录监测水质变化并根据水质情况采取相应措施，进而形成关于鱼塘水质指标监测制度，最终培养解决问题的能力和创造性思维。

（2）基于对自然界的好奇心、求知欲，小组合作设计水生植物的种植和绿岛建设的科学探究活动，培养积极探究习惯和表达交流的能力。

（3）在配制生态鱼饲料并科学喂食的活动中，引导学生学会运用多学科知识，培养健康生态观、主动探究能力、热爱劳动的品格和责任担当精神。

（4）学习建造水循环过滤设施，学会判断衡量池塘水质的好坏，了解以下相关概念：溶解氧值、酸碱度、tds值、透明度、酸碱度等；学习循环过滤泵和增氧泵的工作原理和安装方法。

（5）引导学生自主设计建造水循环过滤设施，利用手机远程控制池塘水循环、水质监测以及音乐增氧控制系统，培养学生解决真实情境中的生活问题的能力。

（二）项目安排

表4-2-1　项目安排表

项目	活动目标	活动内容	课时	预期成果	评价形式
任务一：建立池塘水质指标监测制度	理解和掌握鱼塘水质的各种英文指标；鱼塘水质指标值日监测制度的建立	（1）了解衡量水质的指标，如溶解氧值、酸碱度、tds值、透明度的概念；（2）学生轮流值日进行监测并形成制度	1	学生小组合作制作模型、方案或设计草图并演示，展示鱼塘水质监测值日登记表、鱼塘里水生动植物的照片等	小组成果展示、积极小组评比、期末表现积极、有恒心的优秀个人评选，鼓励小组合作参与区市活动
任务二：生态鱼饲料配制，建立给鱼喂食的制度	师生共同配制生态鱼饲料；指导学生定时定量给鱼喂食并形成制度	（1）掌握生态鱼饲料的意义和定义；（2）小组合作进行生态鱼饲料的配置；（3）建立喂食值日制度	1	拍摄照片；值日登记表	优秀个人和小组评选
任务三：学习循环过滤泵和增氧泵的工作原理和安装方法；设计建造水循环过滤设施	学习循环过滤泵和增氧泵的工作原理和增氧泵的各种安装方法；完成水循环过滤设施设计建造	（1）演示和体验循环过滤泵和增氧泵的工作原理；（2）使用ESP32核心板控制继电器模块自动开关循环泵和增氧泵；（3）用英语编程知识设计控制系统	1	循环过滤泵和音乐喷泉式的增氧泵的实物成果展现；ESP32继电器控制程序的实物成果展现	代码评分加实物运行效果

续 表

项目	活动目标	活动内容	课时	预期成果	评价形式
任务四：建立物联网监测和控制平台	通过物联网知识建立点灯科技物联网平台	点灯科技平台与ESP32物联网控制	1	用英语编写物联网控制代码	代码评分和手机控制效果

（三）项目活动过程

（1）识别健康水生动物，尤其在网购水生动物时确保水生动物有相关防疫证明；在池塘中放养各类水生动物，学习如何让水生动物健康成长。初步感受、了解生物链生态系统理论知识，形成良好的生态观，培养保护环境、热爱自然和生命的意识。教师要引导学生进行实地观察，学习有关实验的设备安装及使用，在研学实践中培养学生思维能力、学习能力和劳动素养、审美素养等，进而发展其实践创新能力，将英语、劳动和美术学习相融合，达到学以致用、学用结合的实践体验课程的教学目的。

图4-2-1　学生安装水质监测设备及实地观察研学

（2）理解和掌握鱼塘水质的各种指标。小组合作认识观察与按时记录水质变化，并根据水质情况采取相应措施，形成关于鱼塘水质指标监测的制度。

（3）理解水生植物在池塘生态系统中的重要作用。小组合作设计并进行水生植物的种植和绿岛建设的科学探究活动，形成良好合作、协同发展的团队精神。

（4）掌握生态鱼饲料的意义和定义。师生共同配制生态鱼饲料，参与科学喂食劳动实践，培养健康生态观、热爱生活和自然的品质、主动探究能力，以及责任担当精神。

（5）了解池塘生物生存条件和水循环对改善池塘生态环境所起的作用。实地观察池塘，并进行拍摄；观察池塘生物在不同水质环境下的生长运动状态，做出比较和分析，并设计自己认为有利于池塘生物，能够改善和保持池塘生态环境的创意设计图纸；展示自己的设计图纸，并通过演讲获取评委认可。

（6）学习循环过滤泵和增氧泵的工作原理和安装方法。了解使用ESP32核心板及继电器模块开关循环泵和增氧泵的原理，运用英语为ESP32编写继电器模块控制程序；尝试运用英语讲解ESP32继电器模块控制程序，通过演讲获取评委支持。

（7）学习水质评价指标与生物的关系。查阅英语资料，了解水质评价指标，学习运用指标进行实际测量；选择适当传感器，运用英语编写控制程序；用英语讲解选择传感器和测量指标对池塘水循环的意义，演示和运行ESP32传感器控制程序与过滤泵和增氧泵配合的效果，通过英语演讲获取评委赞赏。

（8）完成水循环过滤设施的设计和建造，根据设计图纸及实物系统，设计控制系统安装方案并实施。带着自己的水循环系统实地考察池塘，选择水循环系统在池塘中的安装位置，完成水循环系统安装图纸。实地安装水循环系统，并在池塘中实际运行水循环系统，记录水循环系统运行前后的池塘数据变化，以水循环系统的实际运行效果，获取评委的肯定。

（9）利用点灯科技平台与ESP32物联网控制，运用英语编写ESP32物联网控制代码及点灯科技APP配置。使用手机APP远程操控水循环系统，以水循环系统的实际运行效果，获取评委支持。

（10）持续记录池塘水质评价数据，对池塘生物的生长和运动进行拍摄。

（四）项目学习评价设计

《义务教育劳动课程标准（2022年版）》中对课程评价的建议为：劳动课程评价要遵循基本的原则，注重平时表现评价和阶段综合评价。评价的基本原则是导向性、发展性和系统性。每个活动阶段都要进行设计讲解和成果展示，获取评委资金支持，资金支持即活动评价分数。持续记录池塘水质评价数据，对池塘生物的生长和运动进行拍摄，分析和交流什么样的水循环系统下生物的生长运动情况最好，谈谈自己的观察收获并写成学习日记。

（1）各任务根据活动设计图纸加讲解进行评分。评价格式见表4-2-2。

表4-2-2　"光祖中学智慧农业之池塘生态养殖"项目式学习活动评价表

（时间：2022年　月　日）

班别	小组名	组长	作品名称	评分内容（10分）					总得分	备注	评委签名
				内容齐全	有新意	值日完成情况	讲解清晰	小组合作情况			

（2）实物成果展示，根据代码和实物运行效果进行评分。

（3）以融资路演的方式代替评委给出分数，每个活动阶段，学生都要进行设计讲解和成果展示，获取评委资金支持，资金支持即活动评价分数。评委可以由老师或师生共同担任。

（4）在学期末给"池塘生态养殖"项目式学生活动中表现积极并有恒心的同学颁发荣誉证书；鼓励和支持学生参与区、市每年一次的学生劳动教育科创成果评比活动。

（五）成效与反思

经过一个多学期的项目式学习活动实践探究，取得了以下显著成效。

（1）使用池塘进行池塘生物养殖，抓住了初中孩子热爱小动物的特点，让同学们对池塘养殖产生浓厚兴趣。

（2）以融资路演的方式代替评委给出分数，让同学们有了成就感，同时也让同学们对创新创业有了具象的认识。

（3）手机是当今与同学们的生活学习娱乐密不可分的工具，使用手机App控制水循环系统，并且运用英语编写物联网控制代码及点灯App配置，不仅开阔了同学们的视野，也提高了同学们对英语等文化课程的兴趣。

（4）在根据学校池塘特征选择滤泵和增氧泵这个环节中，学生们根据所播放的音乐曲目对池塘中的水生动物进行了认真观察，并采访了池塘周边办公室老师，如会不会造成噪声，哪种曲目老师、同学们更喜欢等，最终集思广益，设计了音乐喷泉式的增氧泵。

（5）在各级领导们的支持下，经过过去一学期师生们的共同努力，基本达成了学习目标，把原本濒临废弃的小池塘建设成了集跨学科教育教学、综合实践基地和校园景观于一体的光祖中学智慧农业之池塘生态养殖系统。

（6）为了保质、保量、圆满完成本案例的所有教学计划，减轻课堂教学时间上的压力，我们尝试以课内和课外相结合的教学形式，把本课例设立为社团课，开展兴趣小组社团活动，在每班都挑选几位优秀小组长担任小老师，更好地带动课堂上小组分工合作。

活动反思：项目涉及的知识面比较广，ESP32的设计和开发需要较多的基础知识，课时安排比较紧张。好在学生们大都经过了一个学期STEM课程项目中编程知识的学习和操作，"问题引导"技术模型理论的运用地极大地激发了他们的探究欲望，所以学生们能将编程方面的知识理解并运用到这个活动中来。

五、活动反思

基本情况：9月27日，我们再次尝试（2022年5月第一次尝试）进行跨学科融合教育教学的校级公开课——"英语+劳创"，基于牛津版深圳英语教材"8A，Module 2 Science and technology"主题的拓展英语阅读和体验、展示课。

经过师生共同努力，在跨学科融合度和课堂的师生互动程度上都达到了预期效果，尤其是在知识性、趣味性和创新性融合方面取得了理想效果，与义务教育新课程标准注重综合实践和创新教育相符，也与我们区、校品质课程建设要求（五育并举、五育融合和我校为培养拔尖创新人才奠基的行动）相契合。

不足之处是AI技术方面知识点多，英语专业词汇多，造成英语科技文段阅读生词量大，同时，因为还需学生运用Ardiuno软件进行编程，并完成AI声音识别模块的接线、安装，不少同学感到吃力。这里有两个困难需要学生克服，一是编程后的输入，二是烧录后AI声音识别模块的成功反应。因模块中的声音接收器需要不断调试，很多学生没有成功。下次需要在这方面做好多个预案，如加强部分学生的示范带领作用等。

价值思考：

一是《义务教育英语课程标准（2022年版）》语言能力7～9年级学段目标"感知与积累"为：能读懂语言简单、主题相关的简短语篇，提取并归纳关键信息，理解隐含意义。可见，要组织学生对科技文段的生词和关键句型进行预习，本次活动是与新课标要求相吻合的，也适合学生的学情。

二是《义务教育英语课程标准（2022年版）》文化意识7～9年级学段目标"感悟与内化"为：领会所学简短语篇蕴含的人文精神、科学精神和劳动价值，感悟诚实、友善等中外社会生活中的传统美德；具有国家认同感和文化自信，有正确的价值观和积极向上的情感态度；有自信自强的良好品格，做到内化于心、外化于行。我们在课堂上强化了学生的科学精神和劳动价值，但未能在此基础上进行人文精神和国家认同感、文化自信方面的培养，课堂最后一个活动"Step seven：AI and our daily life"因时间不够而未能展示。

三是《义务教育英语课程标准（2022年版）》学习能力7～9年级学段在乐学与善学方面的目标为：能主动参与课内外各种英语实践活动，注意倾听，积极使用英语进行交流，遇到问题主动请教，勇于克服困难；主动学习并积极使用现代信息技术，具备初步的信息素养。所以正如前文所述，只要老师积极引导学生克服两个困难，就能很好地培养学生的善学素养，进而养成乐学品质。

改进策略：

构建综合实践课程的创新路径、策略建议和规划，如表4-2-3。

表4-2-3　构建综合实践课程的创新路径、策略建议和规划

总主题	分主题	具体课题名称	实施情况	效果和建议
文化自信，科技自立自强，讲好中国故事	文化自信篇	客家让豆腐——客家文化探微	已经实施完	学生反映良好，需继续发展此课题
		和面——体验中华文化中的"和"	已经实施完	学生反映良好，需继续发展此课题
		激光木刻画之我国十二生肖文化	已经实施完	师生都很喜欢
		激光木刻画之我国传世名画与京剧人物	已经实施完	师生都很喜欢
		激光木刻画之觉醒年代Q版人物像	正在规划	
		陶瓷装饰、制作与传统文化融合	正在规划	
	科技自立自强篇	激光木刻画技术与彩绘艺术的融合	正在实施	很受学生欢迎
		激光木刻画技术与光祖百年名校文化的融合	正在规划	
		3D打印建模、打印技术与衍纸艺术的融合	已经实施完	师生都很喜欢
		3D打印建模、打印技术与古建筑保护的融合	正在规划	
		"英语+劳创+信息技术"AI科技英语阅读和体验、展示	正在实施	点燃了学生对高科技的热情
		小生态养殖：智慧农业之池塘生态养殖项目设计与实施	正在实施	开阔了学生的视野，让学生体验了生态劳动
		学生编程向科创作品的转化	已经实施	学生反映良好
		劳动小妙招、生态劳动竞赛	正在实施	

续 表

总主题	分主题	具体课题名称	实施情况	效果和建议
文化自信，科技自立自强，讲好中国故事	讲好中国故事篇	"英语+劳创+美术+信息技术"之运用3D全息投影技术丰富和发展课本剧	已经实施完	得到区、校领导和师生好评
		用英语解说并操作展示提取芳香中草药精油	正在实施	学生已经成功提取了芳香中草药精油
		"讲好中国故事"优秀句段仿写、造句	正在规划	
		"讲好中国故事"展示、解说竞赛	正在规划	
		以"讲好中国故事"为主题，丰富和完善假期英语综合实践活动作业	正在实施	假期英语综合实践作业得到了家长和学生的好评
		"英语+劳创+美术+信息技术"之中华诗词意境3D艺术呈现	正在规划	

　　以英语学习为主线，以劳动、美术和信息技术为辅助，进行的跨学科融合多学科综合实践体验课程，受到了广大学生的欢迎。我们将继续做好实践体验课程的研究和建构，切实培养学生综合素养、关键能力和必备品格。

第三节 "爱灿烂文化"主题实践体验
课程学科案例

　　爱祖国灿烂文化，是爱国主义的重要组成部分。祖国的灿烂文化主要包括三大部分，一是革命文化，它代表了中华民族为追求独立解放、反对帝国主义侵略压迫、反对封建主义和官僚资本主义剥削、实现民族伟大复兴的正确方向；二是中华优秀传统文化，它有着5 000年的文明沉淀，代表了中国独特的精神标识；三是社会主义先进文化，它是社会主义社会的产物，体现了社会主义制度的优越性，展现了中国特色社会主义的精神风貌。

案例一："老坑里的家国之光——为光祖校友写故事"
语文学科综合实践活动课程方案

一、活动主题

　　主题：老坑里的家国之光——为光祖校友写故事。

　　坑梓历史悠久，有关人类在此居住的文字记载始于明朝中叶。据载，一黄姓家族从坪山江边村迁至西坑，并建立黄氏宗祠，后人称之为"老祠堂"。西坑在坑梓镇南部，三面环山，中间有一个大坑，附近一带统称其为"老坑"。新乔围、城内、沙梨园等村居民均由老坑村（西坑的"老祠堂"）分出，人们遂将这几个村庄统称为"坑子"，意即"老坑"的子孙。因"子"与"梓"同音，后人便将"坑子"改为"坑梓"，取义"桑梓""梓里"，寓意为"老坑是故里"。

本主题确立点为拥有百年历史的光祖中学，学校前身为光祖学堂，始建于1906年，系南洋爱国华侨捐资，仿上海南洋公学（今上海交通大学）中院兴建的一所当时全国首屈一指的新型学堂，开南粤近代教育的先河。学堂首任校长是康有为嫡系弟子欧榘甲先生，他提出"家国之光"的办学理念，矢志兴学育才，为国争光，传承至今已逾百年。

《义务教育语文课程标准（2022年版）》总目标第一点即提出，"在语文学习过程中，培养爱国主义"，而我校作为在深圳市为数不多的、拥有百年历史的老校，能够成为学生了解身边历史的最直接素材，能够更好地让学生通过了解身边人、身边事，自发形成爱人、爱校、爱家、爱社会的责任感。

二、活动目标

（1）学习利用相关媒体获取所需信息并进行有效整理。

（2）学习根据讲话目的，使用正确的语气、手势，准确、流利、有感情地向其他人传递信息。

（3）学习利用所获得的信息，抓住人物、事物特点，进行写作。

（4）学会熟练使用媒体进行实践活动主题成果展示。

（5）通过对光祖中学校史和坑梓历史的探索，体会中国共产党人在长期奋斗历程中形成的崇高精神和人格风范，学习英雄模范忠于祖国和人民的优秀品质，培育民族气节和爱国主义情怀。

三、学情分析

本课程实践年级为七年级。七年级学生刚升入初中，正处于对初中学习内容兴趣高涨的时刻，但是也在学习基础及学习方法上存在一定不足和困难。该年龄段的学生学过了七年级上册第一至四单元的内容，能够快速阅读，富有感情地朗读，也能够抓住人物事物特点进行写作，感受他人的学习智慧，获得人生启示，这为本次综合体验课程的学习打下了一定的基础。

该年龄段学生的学习思维正在建立，对于采访、记录的方式方法掌握不多，部分学生也缺少选择正确媒体进行成果展示的能力，因此给实践课程教学造成了一定困难，好在学生学习能力强，实践兴趣浓，渴望与老师进行项目合作，渴望在校外环境进行语文综合实践探究学习，学生学习的内驱力很强。

在该实践活动过程中，可能需要邀请其他科目的教师对学生进行一些媒体使用上的培训，语文教学中也可能会将一些八年级才学习的采访知识提前教给学生。

四、活动过程

本次学科综合实践体验课程以"老坑里的家国之光"为主题，七年级语文学科组将其总共分为三项实践活动。三项实践活动的活动主体均为学生，教师在三项活动中对学生起及时指导作用。

活动一：走访调查

（一）活动目标

（1）通过走访校史馆，采访老教师、老校友，查阅相关历史文献，了解光祖中学的革命历史。

（2）通过一系列实践活动，了解老坑和光祖中学的历史文化和革命文化，培养学生的爱国主义精神。

（二）探究报告

老坑里的家国之光
——走访调查探究报告

1. 基本情况

（1）参与人员及分工安排

前期工作：黄景美、曾睿昕负责联系校史馆负责人，准备参访路线和内容讲解，设计参访流程。

内容收集分工如下：

第一组　况康杰、黄丽鑫、王昕怡和蒋耀东调研光祖中学历任校长；

第二组　曾祺、罗文涛、王栩辰和何康乐调研建校至中华人民共和国成立时期的校友；

第三组　李和洵、李逸晗、曾瑞和熊瑾萱调研光祖中学中华人民共和国成立以来的校友；

第四组　刘修蕊、郑宇轩、蔡婧雯和许展鹏调研和光祖中学相关的其他革命历史人物。

后期工作：由蒋耀东和何婧琪收集调研故事，筛选优秀作品，组织学生讨论和总结，并做记录。

（2）探究任务及要求

通过参观、采访和调查的方式，收集光祖中学历史上的人物的故事，展现光祖中学"家国之光"的建校理念，弘扬光祖中学优秀的革命文化。每个学生聚焦于一个人物的一个故事，以文字的形式提交案例。后期工作组从中筛选出优秀的篇目作为成果展示。

（3）活动时间

2023年9月25日—10月10日。

（4）活动地点

光祖中学校史馆、行政楼和其他相关的历史场所或遗址。

2. 活动过程

前期活动：

（1）国庆假期前分配任务，以小组为单位积极行动，广泛查阅相关资料，联系校园相关工作人员，完成前期调研任务。

（2）做好参观调研宣传工作，动员同学在各小组的带领下积极参与活动，并做好相关准备。

（3）下发学习参观指南和其他相关学习资料，鼓励学生利用假期时间完成相关表格的填写，并制定自己的任务目标。

中期活动：

（1）以校史馆为中心，完成参访、考察、收集、讨论和总结任务，并且以文字形式提交。

（2）联系校史馆负责人贺荣超，请他提前打开校史馆大门，并检查通风照明设备，填写参访登记表；检查参访同学的参访准备情况，下发参访记录表格，讲解活动目的和填写记录表的注意事项。

（3）组织两个班级的同学先去校史馆参观，相关同学做介绍，其他同学做记录，完成自己的参访任务单；半个小时后，去行政楼近距离接触百年光祖的古建筑，了解其形制、风格、特色以及修建历史；二十分钟后到生物园参观"七七事变"当日种下的榕树，朗读碑铭并致敬先烈。

后期活动：

完成调研记录的筛选，并以适当的形式展示；组织调研分享活动，并进行记录总结。

（三）探究结论

1. 校友黄秉文痛斥日寇

再现我校校友强烈的爱国主义情怀，即使身在异国他乡，也一身正气，大义凛然，不惧邪恶势力。通过这个故事，我们看到了"家国之光"教育理念在光祖人身上闪耀的人格光芒，它也会成为我们新一代光祖青年成长的力量。

学生写作的革命故事一：

光祖往事

这是我第一次踏进光祖纪念馆，也是第一次这么直观深入地了解光祖的悠久历史。我迈着沉重的步伐，阅读历史人物的故事，大气也不敢出，眼里全是他们的样子，他们仿佛站在我面前，虽然未曾谋面，却格外亲切。光祖这个大家庭，承载着祖祖辈辈的回忆，在尚未加入光祖这个大家庭时，我已经了解了一些光祖的历史人物，其中黄秉文是我了解的人物里令我印象最为深刻的。

黄秉文，生于1920年，坑梓秀新人，出生在厄瓜多尔的华侨家庭，10岁时回国，至1936年就读于光祖中学，1936年至1937年任光祖中学教师。他从小就树立了强烈的爱国思想。1930年回国经过日本东京时，他目睹日本浪人野蛮地抢夺乘客们随身携带的物品与钱财，还侮辱中国人。了解到这里，我已经红了眼眶，泪水在眼中打转，我多么希望世界没有战乱。那时候的中国人十分卑微，不仅吃了上顿没下顿，还担惊受怕的，在那种环境下，读书人都仍然凭借顽强的毅力继续读书、学习，如今生活在和平年代的我们就更需要努力学习了。后来，日本帝国主义向华北逼近，他在心里播下了复仇的种子。帝国主义的入侵给中国人民带来了巨大的灾难，我们生在国旗下，长在春风里，成长在一个安静和平的国家，用着最好的资源，但我们永远也不会忘记，这些都是用先烈们的血肉之躯换来的。

2. 校友黄冠芳组建手枪队

学生小组通过实地走访、查阅资料和人物访谈等多种形式，对校友黄冠芳进行了比较详细和充分的了解。他们被黄冠芳的英雄事迹深深感动，由衷感受到爱国校友的赤子情怀，也为光祖中学深厚的爱国主义文化底蕴打动，纷纷写下有关黄冠芳校友的动人故事，展现学校的家国之光。

学生写作的革命故事二：

黄冠芳的英勇事迹

黄冠芳是深圳市坪山区沙梨园人，曾经就读于光祖学堂。1938年，他参加了惠宝人民抗日游击总队，同年加入了中国共产党。1941年12月香港沦陷后，他接受广东人民抗日游击队命令，秘密进入香港的林冲队、刘黑仔队、江水队和吉奥岛队等4支手枪队，同日本侵略军进行了长达3年的英勇战斗。他先后担任过长枪队长、沙田手枪队长、港九大队特派员，副大队长、大队长，直到抗日战争胜利。

黄冠芳带领的沙田手枪队是港九独立大队最有传奇色彩的一支大队，他和战友刘黑仔、黄青、邓贤、詹飞云等人袭击日军的巡逻队，夜炸启德机场，营救美军飞行员，被飞虎队克尔中尉誉为"日本眼中的头号对手"。

因痛恨日本帝国主义践踏乡土，又受学校家国之光的理念影响，他参加了东江纵队并任港九独立大队大队长。他率领的港九独立大队威震港九，曾经营救过如茅盾、邹韬奋、廖承志等上百名文化和民主人士，也曾参与营救美国航空兵，成为中美友好史上的一段佳话。

黄冠芳曾经就读的光祖学堂，就是如今的光祖中学。2003年，光祖中学被评为广东省一级学校，是深圳市中共党史教育基地、坪山区乡情文化基地、坪山区党员教育基地、坪山区中小学廉洁教育基地。

校史纪念馆还藏有大量的珍贵校史资料和文物，激励全校师生奋发图强，弘扬家国之光。

3. 校友曾生狱中受感召

曾生将军校友探究组，经过资料搜集和社会调查等实地探究工作，对曾生将军的爱国情怀和英雄故事有了比较翔实的了解，并以此为基础进行研究整理，编辑了曾将军征战沙场，为国建功的感人事迹，宣传他"宁可站着死，不可跪着生"的革命英雄主义精神和爱国主义情怀。

学生写作的革命故事三：

曾生将军的故事

1910年12月19日，曾生在深圳坪山的一个普通家庭出生，家里就他一个孩子，身为海员的父亲就给他起名为曾生。

曾生先在光祖学堂读书，后来广东宣布独立，清朝皇帝也颁发了退位诏书，于是父亲送他去悉尼上学。

曾生在悉尼6年，埋头学英文、会计和商学等课程，1928年他回到广州，考取了中大附中，立志学成后报效国家。谁能想到有天晚上，一批军警杀气腾腾地闯进旅店，莫名其妙地将他和众多学生全部抓进监狱。

曾生在监狱里偶然抬头看见斑驳的墙上，隐隐约约刻着"打倒新军阀，振兴我中华，宁可站着死，不可跪着生""人生自古谁无死，留取丹心照汗青"的文字。这些文字一下子激起了曾生报效祖国之心，他问一位老犯人这到底是谁留下的。老犯人伸手一指墙上的"中国共产党万岁"，说这是被枪毙的共产党员刻下的。曾生由此受到感召，决心加入共产党。他花了九牛二虎之力终于出狱了。"九一八"事变后，东北三省沦陷，曾生觉得海员中更容易找到共产党员，于是便去日本皇后轮当走钟仔，月薪只有20元港币。从1929年到1936年，曾生一直在寻找党组织，整整7年却毫无结果。但他没有放过一点点蛛丝马迹，最终找到了党组织。1936年是曾生生命中最重要的一年，9月他返回中大复读，10月加入中国共产党，12月中国香港海委成立，他受命负责香港海员工人运动。

曾生的爱国爱党故事被后人铭记。如今写在光祖中学的博物馆里，每一位光祖弟子都会记住他——曾生将军。

4. 校长欧榘甲为国断师恩

欧校长师承康有为，追求进步，投身反抗封建帝制的革命运动。但是在革命的洪流滚滚向前的道路上，康有为逐步沦为维护清王朝腐朽势力的保守派，并且以断绝师生关系相威胁，要求欧校长同流合污。欧校长坚决拒绝，仍然坚持自己的进步思想，选择革命，为国为民，秉承"家国之光"的办学理念，以教育服务人民，造福社会，留下许多革命事迹。

学生写作的革命故事四：

首任校长欧榘甲

光祖百年老校，沉淀着丰厚的历史，蕴含着多少故事！研究光祖变迁，不免让你惊叹不已。

创办光祖学校的人是爱国人士欧榘甲，他早年在康有为创办的万木草堂求学。

欧榘甲是光祖中学第一任校长，他在1906年创办光祖学堂，并提出"家国之光"的办学理念。一直以来，他重视孩子的教育，宣传他的恩师康有为的维新思想，维新思想就此在学校中传播开来。后来，卢沟桥事变爆发，光祖学校不得不暂停办学，而欧榘甲的维新思想却在学生及教师心中永存。学校师生加入抗日游行活动，反对日本侵略祖国，在战火中，光祖学堂重新开办。

欧榘甲等人宣传维新变法失败后，与梁启超等人在日本成立大同学校，向华侨宣传维新思想。大同学校唤醒了华侨热爱家国的意识。

卢沟桥事变后，学生在光祖学堂的校园里种下一棵榕树。榕树代表着他们抗日的精神永垂不朽，爱国的思想生生不息，欧榘甲先辈留下的精神永存。

5. 光中老榕树见证历史沧桑

光祖中学校园有一棵百年老榕树，见证了学校127年的办学和发展历史。从1937年抗战全面爆发，它就矗立于校园，见证了无数仁人志士誓死抗击日寇，流血牺牲；它也经历了中华人民共和国从站起来、富起来到强起来的漫长岁月。改革开放以来，深圳教育与经济建设得到飞速发展，而这棵百年榕树依然生机勃勃、春意盎然。它不仅承载着光祖中学丰厚的历史文化底蕴，更见证了光祖辉煌的革命文化和教育理念。它以蓬勃的生命活力，激发光祖中学师生的爱国主义情怀，赓续红色基因，将家国之光发扬光大，成为学校高质量发展的力量源泉。老榕树触动了学生的写作情思，他们写下了不少感人故事。

学生写作革命故事五：

老榕树的故事

我走进校园，很多很多大大的老榕树生机盎然，让人感慨万千，流连忘返。

1931年，"九一八"事变爆发，白山黑水落入日本侵略者铁蹄之下。光祖师生放下课本，走向田地间，一首由著名音乐家黄自创作的合唱作品——《抗敌歌》，在光祖校园传唱开来：中华锦绣江山谁是主人翁，我们四万万同胞家可破，国需保，身可杀，志不挠！

"七七事变"之后，日军全面侵华，值此危急存亡之秋，时任光祖中学校长的黄贞甫率领全体师生举行反日游行，反抗日本帝国主义的侵略行径，并与师生在教学楼东侧空地上种上一棵榕树，"约期十年，必雪国耻"，这就是老榕树的由来。

老榕树有百年历史，历经沧桑巨变，是光祖历史的见证，也是我们一代又一代光祖学子成长的伙伴。

老榕树又名"抗战树"，是学校乃至坑梓人民爱国主义情怀的缩影，它见证了中华民族走向复兴的过程，值得我们精心呵护，传承光祖的百年荣光。

6. 总结

同学们通过探访校园，发现学校的历史印记和文化标签，深入理解学校发展的峥嵘历史和文化传承，感受家国之光的文化流传和历史底蕴，增强了对学校的情感，自觉继承和弘扬光祖中学家国之光的伟大精神，获得了学习和成长的巨大力量，这正是爱国主义实践课程的价值所在。

活动二：校史馆宣传视频制作

（一）活动目标

（1）围绕"老坑里的家国之光"主题，锻炼自主策划活动的能力；

（2）运用第三单元"写人抓住特点"的知识，培养编写视频脚本和综合实践活动探究的能力；

（3）通过介绍校史馆及剪辑视频，锻炼语言表达与信息技术运用能力；

（4）通过参观校史馆及实地调查，加深对光祖中学校史的了解，以及对革命文化的认识。

（二）探究报告

老坑里的家国之光

——光祖中学校史馆视频制作探究报告

1. 基本情况

（1）参与人员及分工安排

主持人：江明芳；摄影：林子岚；后期剪辑：徐语彤。

（2）探究任务及要求

在指导教师的引导下，学生自主完成校史馆视频录制任务。

（3）活动时间

2023年10月17日。

（4）活动地点

光祖中学广场及校史馆。

2. 活动过程

（1）主题导入

① 教师播放"光祖中学百年校庆"视频，宣布活动主题——"老坑里的家国之光"及主要体验任务——"校史馆宣传视频录制"。

通过提前一天上网查阅校史资料，学生已形成对光祖中学校史的初步了解，且已温习过第三单元写作主题的相关知识。在正式录制视频之前，指导教师在班级里下达实践活动任务，学生按小组进行主题探究，共同设计了本次录制活动的策划方案。

② 小组合作探究设计活动方案，教师指导学生根据自身特长及职能表（见表4-3-1）进行分组。

表4-3-1　职能表

组名：					
姓名		脚本撰写	姓名		字幕录入
姓名		视频拍摄	姓名		后期剪辑
姓名		调查采访	姓名		资料整理

（2）参观校史馆，撰写脚本方案

① 进行校史馆实地参观调查，记录主要参观内容。

选出一位小导游，在教师的带领下，学生有序参观校史馆，对校史文化进行整体认知，并初步感知光祖中学特有的家国情怀。在这个过程中，教师要带领学生依次观看展厅，学生在观展过程中做好笔记，总结各展厅内容。

② 根据记录内容，进行脚本撰写。

回到课堂，分小组进行合作探究，讨论主题，撰写视频脚本，运用第三单元所学的描写人物形象特点的知识，重点突出校友人物形象，最终互评推选出最佳小组脚本（见表4-3-2）。

表4-3-2　脚本

幕次	文案	视频内容

③ 主题分享，小组互评。经过各组投票，推选出最佳小组脚本，指导教师进行方案总结。

（3）竞选主持人、摄影师和剪辑员等

① 通过竞选，将学生分入以下项目组：主持人组、摄影师组、剪辑员组等。

② 教师对各项目组进行培训，引导学生掌握各职能工作要领。

③ 学生利用课余时间，在校史馆录制介绍视频。

④ 剪辑员负责后期配音配乐，剪辑视频，增添视频特效等。

（4）活动总结

视频制作完成后，进行班级展示，并征求学生意见，班级填写评价表，对视频进行进一步的完善。

（三）探究结论

（1）能够锻炼演说能力，通过指导教师的动作指导，更能增添视频的表现力。

（2）认识到中学生掌握信息技术的重要性。

（3）多位同学运用多种形式的网络平台了解查阅校史知识，锻炼了信息整合和筛选能力。部分同学认为脚本撰写工作责任重大，反复修改可以增加脚本内容的感染力，并结合所学内容，在脚本中灵活运用写人技巧。

（4）此次语文综合实践体验课程学习，加深了学生对光祖中学校史文化的了解，并培养了他们的爱国主义情怀。很多同学更是认为，这次语文活动让他为光祖学子的身份而自豪。许多同学还达成了共识，纷纷表示，悠悠光祖，文脉源长，百年树人，家国之光。前人披荆斩棘为我们创造的幸福来之不易，生在和平年代的自己是多么幸福。作为光祖中学的学生，我们肩负着传承"家国之光"的重任，回望辉煌的过去，更应该珍惜当下，以全新的姿态创造光祖中学更美好的未来。

（四）成果评价

学生经过线下探究活动，拍摄了"爱国主义教育——家国之光"视频，为了充分激励学生参与实践探究活动的兴趣和热情，教师设置了评价环节，以体现新课程理念中学、教、评一体化的要求，让新课程标准理念落到实处。视频评分标准见表4-3-3。

表4-3-3　视频评分标准

范畴	评分标准	评分	总分
脚本创作 （30分）	对主题的把握（15分） 1. 是否紧扣主题，围绕解说校史馆、学习校史文化的活动目标？（7分） 2. 是否准确把握弘扬"家国之光"教育理念，树立远大的理想核心内容及思想？（8分）		
	创意（15分） 1.创作者能否充分根据实际发挥自主创造性？（7分） 2.视频是否具有一定的想象力和个性表现力？内容是否结构完整、流畅、新颖，体现时代特色？（8分）		
拍摄过程 （45分）	参与（20分） 1. 是否能积极参与活动并学会聆听？（10分） 2. 是否能自主进行团队合作，互帮互助，默契交流？（10分）		
	语言（25分） 1. 解说词是否符合场景？（10分） 2. 解说员讲解时是否清晰、流畅？（5分） 3. 解说员语调、音量是否得当？（5分） 4. 解说员身体语言的运用是否恰当？（5分）		
后期剪辑 （25分）	效果（25分） 1. 视频是否控制在规定时长内？（5分） 2. 视频处理中能否运用滤镜效果、覆盖效果、转场效果等？（10分） 3. 音频处理中能否原创配音，能否设置声音特效等？（10分）		

（五）成果展示

以下是学生进行线下探究活动所拍摄视频的解说词。

解说词

第一幕：校门口马路对面渐进

学生出镜：大家好，我是光祖中学学生江明芳，欢迎大家来到百年光祖中学，现在由我向大家介绍我们的学校。

第二幕：（多镜头切换）综合楼—校史馆楼下面—楼梯间—廊道（圆形窗户）—外景过渡到内景—校史馆大门

学生念白：光祖中学前身为"光祖学堂"，始建于1906年，由南洋爱国华侨捐资兴建，开近代南粤教育之先河。首任校长是康有为嫡系弟子欧榘甲先生，他提出"家国之光"办学理念。学校被曾生将军誉为"东江纵队的摇篮"，是深圳市办学历史最悠久的两所学校之一，现在是深圳市党史学习教育基地中唯一一所学校。

第三幕：第一展厅（家国之光匾额）

学生出镜：现在我们来到了校史馆第一展厅，在我身后的匾额上写着欧榘甲先生提出的"家国之光"办学理念。他取"光耀家国、纪念先祖"之意，故而将学校定名为"光祖学堂"。

第四幕：第二展厅 两列玻璃窗画面滚动

学生出镜：第二展厅是校史概略及校史沿革。光祖中学迄今为止已有117多年的历史。

第五幕：第三展厅 历任校长画像依次拍摄

学生出镜：厚德载物，广育英才。光祖中学的中首任校长是康有为先生嫡传弟子欧榘甲先生。

学生念白：早期的光祖中学师资力量雄厚，有留学经验的校长老师也比较多。学校至今已有36任校长，现任校长温安武。

第六幕：第四展厅 校友风采

学生念白（画面转向资料墙）：光祖学堂用"家国之光"的教学理念为国家和民族培育出大批栋梁之材，其中有曾生，有在革命战争年代和和平建设时期为党和人民奉献青春和力量的叶锋、严尚明、黄冠芳、黄国伟、陈方等。光祖学子、原东江纵队港九独立大队大队长黄冠芳曾在深港组织领导营救大批文化名人。可以说，光祖中学为国家和民族的解放做出了卓越的贡献，因此，光祖学堂也被称为"革命的摇篮"。

第七幕：第五展厅　国民革命时期周恩来总理资料墙

学生念白：1925年10月，国民革命军东征讨伐军阀陈炯明，指挥部设在学堂教学楼二楼东座的一间教室，时任东征军政治部主任的周恩来在此发表演讲，宣传讨伐军阀陈炯明的意义，激发了光祖青年新社成员的进步思想和爱国热情。

第八幕：第六展厅　毕业生照片

学生出镜：巍巍光祖，文脉源长，百年树人，家国之光。我们来到了校史馆最后的展厅。这里陈列着光祖中学历届毕业生照片。

学生念白：光祖中学，满怀家国之情，在崭新的时代，迈向更加光明的未来。

活动三：光祖老校友采访

（一）活动目标

（1）通过教师引导，学生学会撰写采访提纲。

（2）学会根据被采访人的回答，适时调整相应问题。

（3）通过对光祖中学老校友的采访，了解学校历史和杰出校友，增强家国情怀。

（二）探究报告

老坑里的家国之光
——"听爷爷讲那过去的故事"探究报告

1.基本情况

（1）参与人员及分工安排

①联系邀约采访人物：黄莘博

② 采访过程拍照：吴双

③ 跟拍视频：黄芷若

④ 设计问题并采访：黄云藤

⑤ 采访记录：黄雨涵

⑥ 采访稿撰写：郑雨馨、郭轩旭

⑦ 后期制作：曾衣蔓

（2）探究任务及要求

向光祖中学老校友了解学校70年代以来的故事，丰富学校校友事迹。

（3）活动时间

2023年9月28日。

（4）活动地点

光祖中学校友黄莘博家里。

（5）活动使用工具

照相机和录音笔。

2. 活动过程

（1）活动前的任务安排

8名学生走访：黄莘博负责联系邀约采访人物，吴双负责采访过程的拍照，黄芷若负责跟拍视频，黄云藤负责设计问题并采访，黄雨涵做采访记录，郑雨馨和郭轩旭写采访稿，曾衣蔓负责后期加工。

（2）活动中（采访记录）

① 学生摆放采访设备，邀请校友入座。

② 学生访问引语：

光祖中学是深圳市仅有的两所百年名校之一，其前身为光祖学堂，始建于1906年，系由南洋爱国华侨捐资，仿上海南洋公学（今上海交通大学）中院兴建的一所当时全国首屈一指的新型学堂，开南粤近代教育之先河。

校友中杰出的代表有时称"东江三虎将"的东江纵队领导人曾生（开国少将）、叶锋（新华通讯社香港分社原社长）、严尚民（原广东省工业厅厅长）、东江纵队港九独立大队大队长黄冠芳、宝安县首任县长黄国伟、深圳市妇联原主席黄冰、南山区原区委书记陈方、深圳市委宣传部原副部长黄新华、航空航天领域著名科学家曾子兴、著名书画家黄昶等。今天我们走访70年代在光祖中学就读的黄爷爷，听听学校70年代以来有趣、有纪念意义的故事。

③ 活动中：听黄爷爷讲故事。

采访问题1：光祖中学曾先后为革命培养了许多人才，为党为人民培育了一批干部，为部队输送了一大批革命战士。70年代以来的光祖中学有哪些故事或人物与红色革命有关呢？

黄：1985年，光祖中学首届毕业生黄达文等人，筹划在次年光祖中学建校80周年校庆之际建立坑梓烈士纪念亭，以铭记在民族独立和解放过程中牺牲的光祖校友。1986年6月，纪念亭正式建成，地点在坑梓光祖中学西侧山峰上。纪念亭正面横梁上镌刻着"坑梓烈士纪念亭"几个字，由曾生题写。

1995年，光祖中学原教学楼及礼堂被拆除，在原址仿建办公楼及实验楼。学校文化广场前的行政大楼按照原光祖学堂风格重建，南洋风格特色显著。2003年，光祖中学被评为"广东省一级学校"。如今，位于深圳市坪山区坑梓街道的光祖中学，是深圳市中共党史教育基地、坪山区乡情文化基地、坪山区党员教育基地、坪山区中小学廉洁教育基地。校园内还设置有家国之光纪念墙、抗战纪念树、校友烈士纪念墙等。

采访问题2：学校有百年历史文化底蕴。华侨回到家乡探亲或考察，光祖中学都是首选之地。2020年，光祖中学获评"深圳市华侨文化交流基地"。能否和我们讲讲学校与侨胞的故事呢？

黄：首任校长欧榘甲长期在海外任职，黄秉文老师来自厄瓜多尔；很多华侨子弟慕名前来光祖中学求学，代表有曾生、严尚民等；新旧教学大楼的每个教室，都有很多华侨捐赠的石刻纪念墙。

采访问题3：光祖中学与香港扶幼会则仁中心学校结成姊妹学校，您知道其中的故事吗？

黄：2006年，光祖中学首任校长欧榘甲曾孙、香港扶幼会则仁中心学校原校长欧柏青带家人参加了光祖中学百年校庆。随后，两校积极响应深圳市教育局、香港特别行政区教育局的姊妹学校缔结计划，签署《教育交流合作意愿书》，并于2016年结成姊妹学校，多次开展教育教学交流活动。

2021年11月10日，深港姊妹学校"手牵手、向前走"爱国主义线上交流活动在香港扶幼会则仁中心学校和深圳市坪山区光祖中学以线上同上课的方式成功举办。

两所学校在当日同唱国歌，同上一堂课，两校的学子们还轮番上台讲述了蜀绣、冬奥会、坑梓腰鼓等传统文化元素，以及为中华民族伟大复兴而奋斗的名人事迹。

（三）探究结论

这个周末我们去采访了曾在光祖中学上学的黄爷爷。他为我们讲述了20世纪70年代以来光祖中学与红色革命文化相关的故事：光祖中学首届毕业生黄达文等人筹划坑梓烈士纪念亭；光祖中学原教学楼及礼堂被拆除，在原址仿建办公楼及实验楼；学校文化广场前的行政大楼按照原光祖学堂风格重建；光祖中学被评为"广东省一级学校"。学校发展与侨胞的故事：首任校长欧榘甲长期在海外任职，黄秉文老师来自厄瓜多尔；很多华侨子弟慕名前来光祖中学求学，代表有曾生、严尚民等；新旧教学大楼的每个教室，都有很多华侨捐赠的石刻纪念墙；光祖中学与香港扶幼会则仁中心学校结成姊妹学校等。

这次的采访让我们了解了有关光祖中学的故事和发展历程，更深刻地认识了我们的学校。这次采访也给我们带来了很多新的体验，让我们学习了采访的流程，体验了人物采访的过程，学习记者机智地把控采访话题，顺利完成人物采访活动。这次采访让我们感受到分工协作的力量，我们根据自己的兴趣和特长，领到相应的任务，大家相互配合，各司其职。采访过程中，要一边听爷爷讲故事，还要一边记下重要的故事内容，所以我们还学会了概括人物说话内容的能力。

历经百年风雨洗礼，光祖中学依旧枝繁叶茂，刚健有力的根须坚定地扎向教育的土壤；新生的枝条密密匝匝，积极汲取养料，向上竭力生长。光祖中学将延续百年文脉的光耀，为铸就"爱国创新，自主成长"品牌再谱华章。

五、活动反思（课后总结）

义务教育新课程标准中，让"学生在真实有价值的情境中解决问题"被多次提起，于是，"为人物立传""绘本改编""撰写视频解说词"等具有语文特性的情境多次出现在各级各类课堂，可是仔细看来，看似有价值的情境，有时甚至在整堂课中并未被提及，让人怀疑情境出现是真，但是情境应用为假。

那么如何去选择一个合适的情境，并对其进行加工，使之能够作为课堂依托的背景方案，是所有一线教师都会面临的问题。在探寻情境设置的有效性中，我校在今年推出体验式课程——七年级语文组体验式课程"老坑里的家国之光"。

该主题背景为学生所熟知的学校——光祖中学，而活动目标则是基于学生的未知——学校历史背景。主要活动环节为：制作海报、调查采访、录制宣传视频，在最终活动的成果汇报课中，让学生结合往日调查，以及对光祖中学校友和历史、坑梓历史的了解，为光祖中学校友写故事。

（一）语文综合实践体验式课程的主要亮点

1. 情境结合生活有价值

"老坑里的家国之光"体验式课程，从解决实际问题出发。光祖中学是建校一百余年的老校，校内有一小型校史馆，平时无人值守。开学时，语文教师和班主任会带学生去校史馆参观，了解学校历史背景。但是由于大部分教师均来自坑梓以外地区，对坑梓的历史和光祖中学的历史了解较少，介绍校史力不从心，无论对学生还是老师来说，收获甚微。为深度了解校史，向参观者更加全面而完整地介绍校史，我们开展了本次语文综合实践体验课程探究活动。该体验式活动背景具有真实意义，目的在于切实解决校史介绍问题，情境的选择具有真实性，在问题的解决方面体现出价值。

2. 目标结合课标有落点

《义务教育语文课程标准（2022年版）》颁布后，一线教师纷纷呼唤核心素养的尽快落地。本次体验式活动课程，主题以课标中所提到的三大文化中的"革命文化"为主要落点，让学生通过了解光祖中学与坑梓地区的历史，近距离了解革命中的人与事，弥补历史在时间上的隔阂，亲身体验身边的优秀革命文化，培养学生的爱校、爱坑梓地区、爱国家的情感。

3. 过程依据任务群，任务设置有梯度

在这种真实、有价值、有目标的体验式活动中，我们设计了专题海报设计、实地调查、人物采访和成果展示课（为光祖校友写故事）等环节，从体验到探究实践，到最后的成果输出，为学生提供多个实践探究支架，如提供海报范例与必备要素、采访提纲与脚本设计、任务安排表等。各个任务之间相互衔接、逻辑性强，通过任务群的勾连，让学生在真实的活动过程中发现问题、探究问题、解决问题。专题海报使学生初体验此次活动课程的内容方向，引起学生学习兴趣，从而利用互联网与人脉，进行深层次主动探究、采访调查、制作宣传视频等系列活动，形成对光祖历史的初步概念，构建知识脉络，为人物采访提供背景，让学生能够更从容地面对采访。最终成果展示分享，引入多元评价与多形式评价，引领学生进一步优化完善探究成果。正是在这种环环相扣、相辅相成的实践活动中，学生才能够一步一步提升自主学习能力、独立探究能力，习得实践探究的正确方法，获得最直接有效的语文活动体验。

4. 准备充分有动力

在整个活动过程中，活动的主要体验者是学生，教师应在其中起引导作用，不应大包大揽，仅提供总的方向指导及必要技能方法的支架搭建，注意保护并放大学生的最直接情感体验。但是这并不意味着教师在各个环节中无所作为，教师应该指导学生制定实践活动的总目标与分目标，设计清晰的环节，在学生遇到困难时，适当给予点拨和指引，应对偶发事件要有预案，甚至要比普通课堂教学做更多准备。

5. 成果展示有信心

综合实践探究成果的分享是重要环节，学生看着自己的实践探究变为项目成果，心里充满成就感和自豪感。好的成果展示，能够显示出过程优势与不足，让教师更注重学生的表现，学生的表达能力与人际交往能力，也成为可见可评价的具体内容。学生在成果展示、评价和反思过程中，获得更多综合实践体验课程的启示和收获，为下一次的综合实践活动积累更加丰富有效的经验。

（二）存在的主要问题

1. 评价导向不清晰

本次实践活动过于轻视评价在活动中的重要性，导致学生未收到有关自己行为的充足评价。一是评价量不够，仅在每个关键活动后设计了量化表格；二是评价方式单一，仅有活动成果完成时的简单评价；三是评价内容维度不科学，缺乏深度研究和设计，指标依据不明确。

2. 探究支架不实用

在整个活动中，采访调查涉及八年级内容，需要提前进行教学，帮助学生建构新闻报道知识框架。由于教学内容不充分，学生在实地采访环节中受到很大的制约，导致人物访谈深度不够，学生也过于拘谨，应变能力较弱，还有许多待提升的地方如及时针对回答内容进行追问和提升视频剪辑技术等。

（三）改进的主要方法

1. 知识系统与实践活动要高度契合

教师在开展实践活动前，要充分开展课堂教学，并选取知识与实践高度一致的内容设计实践体验课程，目的是将知识运用于实践，解决生活中的真实问题，做到"学以致用、学用结合"，而不是完全让学生自己寻找学习支架，在反复试错中提升自身。

2. 任务设计要着眼于新课程理念的落实

义务教育新课程标准提出了五大核心理念，需要我们通过语文综合实践体验课程去落实，实现从知识到能力的转变，从能力到素养的发展，引导学生从学会到会做，实现"学以致用、学用结合"的新课程理念。综合实践体验课程要以核心素养为导向，选准切入点，改变教学方式，从落实新课程视角设计综合实践体验课程。

附：展示课

"老坑里的家国之光——为光祖校友写故事"教学设计

【教学目标】

1. 抓住人物特点，灵活运用外貌、语言、动作和心理等描写刻画人物特征。

2. 汇报前期要查阅资料、实地走访和录制视频。

3. 了解光祖校友的爱校爱国事迹，感知光祖校友的精神品质，体会"家国之光"的革命文化。

【教学重点】

1. 综合运用多种人物描写的方法，凸显人物特征。

2. 各小组展示前期综合实践活动的成果，依次进行汇报总结。

3. 感知光祖校友的精神品质，体会"家国之光"的革命文化。

【教学难点】

通过外貌、语言、动作和心理等描写，表现人物特点，刻画人物特征。

【教学过程】

情境导入

同学们，光祖中学需要制作校友专访宣传视频，现邀请你们班参与宣传视频的拍摄活动，希望大家能够踊跃加入。接下来，我们一起聆听光祖校友的故事，集思广益完成宣传视频的拍摄，完成视频解说词的创作。

活动一：回顾课内知识，明晰人物写作方法

关于撰写校友解说词，首先我们要清楚如何描写人物。在七年级上册课本的第三单元中，我们学习了《从百草园到三味书屋》《再塑生命的人》，并学习了作文课"写人要抓住特点"，回顾课内我们学过的知识，描写人物有哪些

方法呢？同学们可以进行小组讨论，选派代表进行总结发言。

明确：

（1）认真观察，抓住人物特点，通过外貌、动作等描写表现人物特点。

（2）选取符合人物特征的典型事件，准确抓住人物外貌、动作等展开描写，凸显人物特征。

活动二：前期综合实践活动成果汇报展示，小组互评

各小组选派代表，汇报展示前期查阅资料、视频录制和实地采访的综合实践活动成果。

1. 发放评价量表

（1）指导教师下发小组互评表（见表4-3-4），并对评价表进行解释说明，引导学生以正确、端正的态度对各组的展示进行评分。

表4-3-4　综合实践活动评价表

评价要点	评价等级	小组1	小组2	小组3
前期准备是否充分	☆ ☆ ☆ ☆ ☆			
成员分工是否合理	☆ ☆ ☆ ☆ ☆			
团队是否通力合作	☆ ☆ ☆ ☆ ☆			
任务是否全部完成	☆ ☆ ☆ ☆ ☆			
探究结论是否完整	☆ ☆ ☆ ☆ ☆			

（2）指导教师提出成果分享要求

汇报人：仪表大方，能够根据讲话目的，使用正确的语气、手势，准确、流利、有感情地向其他人传递信息。

听众：能够认真聆听汇报人的演讲，并做出相应回应，在关键处记笔记。

2. 进行成果分享

（1）分享顺序：实地调研组、视频制作组、校友采访组

（2）分享内容：基本情况、活动过程、探究结果

（3）分享要求：声音洪亮，能够与听众进行互动，能够运用正确的手势传

递自己的情感；分享内容重点突出，详略得当，逻辑清晰。

（4）具体分享过程如下。

实地调研组：黄秉文痛斥日寇，再现我校校友强烈的爱国主义情怀，即使身在异国他乡，也一身正气，大义凛然，不惧邪恶势力。通过这个故事，我们看到了光祖人身上闪耀的人格光芒，激励我们新一代光祖青年成长。

校友黄冠芳组建手枪队，他成为"日寇眼中的头号对手"。黄冠芳校友一心为国，不惧敌人，不怕流血，英勇杀敌，是我们光祖中学的英雄！从他身上我们看到了光祖中学优秀的革命文化精神，为了祖国和家乡，不惜牺牲自我，勇往直前，这就是真正的"家国之光"！

校友曾生将军是久经沙场的军人，一生践行"家国之光"的爱国情怀，孜孜以求，为国为民，终于在狱中寻找到国家未来的希望，"宁可站着死，不可跪着生"的爱国情怀和革命精神也激励着一代又一代的光祖学子努力前行。

欧校长的授业恩师是康有为，但是随着革命的发展，康有为转变为保守势力，依然效忠腐朽的清政府，并以断绝师生关系来要挟欧校长拒绝进步的革命思想，但是欧校长不为所动，坚持进步的革命思想，选择为国为民，坚持"家国之光"的理念，继续办学。

约期十载，必雪国耻。校园中的这棵大榕树从1937年至今，见证了中国仁人志士从反抗日寇到中国特色社会主义建设的整个革命过程。榕树铭文更是激情澎湃，读之令人动容，是光祖中学革命文化传承的重要载体，必将激励以后的光祖学子为国家的发展壮大贡献更大力量。

参观校园，不仅开阔了视野，而且让我们找到了作为光祖学子的那份骄傲，这样的活动意义深远，我们要好好利用这些文化资源，滋养一代代光祖学子的精神世界。

视频制作组：教师的动作指导，增添了视频的表现力，也让学生认识到掌握信息技术的重要性。多位同学运用多种形式的网络平台了解查阅校史，锻炼了信息整合和筛选能力。部分同学认为，校史馆视频的脚本撰写工作责任重大，反复修改可以增加脚本内容的感染力，于是结合所学内容在脚本中运用写人技巧。此次语文综合实践体验课程活动，加深了同学们对光祖中学校史文化的了解，培养了我们的爱国主义情怀。大多同学认为，这次语文活动让他们为光祖学子的身份而自豪。

悠悠光祖，文脉源长，百年树人，家国之光。前人披荆斩棘为我们创造的幸福来之不易，生在和平年代的我们是多么幸福。作为光祖中学的学生，我们肩负着传承"家国之光"的重任，更应该珍惜当下，创造光祖中学的美好未来。

校友采访组：这个周末我们去采访了曾在光祖中学上学的黄爷爷。他为我们讲述了20世纪70年代以来光祖中学的故事，如学校与红色革命文化的故事，光祖中学首届毕业生黄达文等人筹划坑梓烈士纪念亭的故事，光祖中学原教学楼及礼堂被拆除，在原址仿建办公楼及实验楼的故事；学校文化广场前的行政大楼按照原光祖学堂风格重建的故事等。他还告诉我们学校发展与侨胞的故事。他说，很多华侨子弟慕名前来光祖中学求学，代表有曾生、严尚民等；新旧教学大楼的每个教室，都有华侨捐赠的石刻纪念墙；光祖中学与香港扶幼会则仁中心学校结成姊妹学校。

这次的采访让我们知道了很多有关光祖中学的故事，也了解了学校的发展历程，让我们更深刻地了解了我们的学校，学到了不少课堂外的知识。采访给我们带来了很多新的体验。这次采访也让我们知道了采访的流程，知道了采访并非简单的面对面聊天，需要记者机智地把控采访话题，让采访对象围绕采访主题有话可说。这次采访我们还明白了分工协作的重要性。大家根据自己的兴趣和特长，领到相应的任务，相互配合，各司其职。采访过程中，要一边听爷爷讲故事，一边记下重要的故事内容，提高了我们概括人物说话内容的能力。

历经百年风雨洗礼，光祖中学依旧枝繁叶茂，刚健有力的根须坚定地扎向教育的土壤。光祖中学将延续百年文脉，为铸就"爱国创新，自主成长"的教育品牌开启新篇章。

3. 指导教师小结

在小组互评中，同学们纷纷为其他小组提出了宝贵的建议。兼听则明，偏信则暗，现在请大家根据所得的意见修改完善自己小组的实践活动成果。

4. 小组共同讨论

修改完善综合实践活动的成果。

结语：

在本次综合实践活动中，大家踊跃参与，按照小组分工有条不紊地搜集资料，实地采访校友，进行视频录制，最后进行了精彩的展示汇报。虽然汇报成果存在一些不足之处，但是通过小组互评，大家能够取长补短，不断修改完善探究结论。"纸上得来终觉浅，绝知此事要躬行"，通过本次实践活动，大家能够广泛地获取知识，加深对光祖校史的了解，感知光祖"家国之光"的革命精神。光祖"家国之光"的精神体现在每一位光祖校友身上，请大家运用所学的描写人物的方法，抓住该校友的外貌特点，围绕校友的特征，选取符合其特征的事件，撰写光祖校友宣传视频的解说词。

【课后作业】

请同学们完成视频解说词的创作，为校友写好故事。

案例二："我为'大万世居'当解说员"学科综合实践活动课程方案

一、活动主题：我为"大万世居"当解说员

我国是一个有着悠久历史和深厚文化根基的国家。近年来，随着我国经济实力的增强，我们也越来越认识到文化软实力的重要性。《义务教育语文课程标准（2022年版）》中提出要将中华优秀传统文化等重大主题教育有机融入课

程。而义务教育新课程标准中所提出的语文核心素养的第一点就是文化自信，即"学生认同中华文化，对中华文化的生命力有坚定信心"。因此，我们在课程中融入"中国灿烂文化"相关内容，让学生在课程学习中了解中国传统文化，进而热爱、继承和弘扬中华优秀传统文化，建立文化自信，成为中华优秀文化的践行者、传播者。

"大万世居"是位于深圳市坪山区的一座方形客家围屋，始建于清乾隆五十六年（1791年），至今已有232年的历史，是全国最大且保存最完整的方形客家围屋之一，占地2.5万平方米，建筑面积1.66万平方米，共有房屋400余间。作为客家人独特的民居形式，客家围屋是客家文化的具体体现，其中也保留了不少与客家文化相关的历史文物。因而"大万世居"已成为坪山区富有特色和代表性的文化地标，是坪山客家文化的一张名片，也是坪山区文化形象及对外宣传的一张名片。为"大万世居"当解说员，要在全方位了解"大万世居"的基础上，宣传和弘扬其承载的客家文化。因此，"我为'大万世居'当解说员"这一语文综合实践体验课程，不仅让学生实践和运用以语文为主的多学科知识，锻炼综合能力，培养核心素养，也能够促进学生对客家文化的了解，培养学生文化自信素养。

二、活动目标

（一）知识能力目标

（1）运用新闻采访相关知识，制定采访方案，草拟采访提纲，分小组进行"大万世居"实地参观采访，并收集相关资料。

（2）恰当运用语文说明文相关知识，结合前期调研和实地探究，完成"大万世居"解说词的撰写。

（3）运用信息技术进行视频拍摄、剪辑，制作"大万世居"解说视频，培养语文综合素养。

（二）核心素养目标

（1）学生在调查"大万世居"的过程中，了解以客家围屋建筑为依托的客家文化，建立对客家文化的认同，传承和弘扬客家文化所体现的中华优秀传统文化。

（2）学生在草拟采访提纲、实地采访及撰写"大万世居"解说词的过程中，培养其口头及书面语言表达能力。

（3）在撰写"大万世居"调研报告、解说词等的过程中，培养学生分析、比较、归纳、判断等思维能力，学会发现问题并解决问题。

（4）体会"大万世居"所蕴含的建筑美及其所承载的客家文化的文化美、人情美和民俗美。

（三）课标对应目标

（1）认识中华文化的博大精深，汲取智慧，弘扬中华优秀传统文化，培养文化自信。

（2）积极参与校园及社区文化活动，在真实生活情境中，发展交流、合作、探究等实践能力。

（3）培养学生跨学科学习和综合运用知识解决生活问题的能力。

三、学情分析

八年级学生已具备一定的口头及书面语言表达能力，也能够相对独立地参加一些社会实践活动。在部编版八年级上册的语文教材中，分别有新闻单元及说明文单元，学生所学新闻采访及说明文相关知识恰好可以在本次活动课程中加以实践运用。

和七年级相比，八年级的学生思维进一步发展，更加成熟，对社会国家等有了更多的关注。很多学生觉得实地调查采访具有一定的挑战性，但兴趣浓厚，因此围绕身边的"大万世居"开展实践体验和探究活动学习能够较好地调动学生的参与积极性。

学生已具备一定的相关知识和经验，但是实践起来仍可能遇到不少问题，因此老师需在学生进行实地走访前，给予相应的指导，提供一定的学习支架。同时，因为学生要在校外开展学习活动，所以需要进行安全知识培训。

四、活动过程

第一部分：实地探究（前置学习）

（一）实地参观、采访

（1）采访准备工作：各小组首先确定小组成员分工，做好实地参观采访前的准备工作。小组成员分工：见表4-3-5。

表4-3-5　小组成员分工表

组长：	职责：负责统筹整体活动安排，搜集整理资料等
组员1：	职责：组织成员讨论，完成采访提纲
组员2：	职责：规划实地参观的交通方式、路线，召集组员
组员3：	职责：现场采访相关人员
组员4：	职责：拍摄采访照片、视频
组员5：	职责：现场记录采访内容
组员6：	职责：整理采访内容，撰写调研报告初稿

（2）完善采访提纲

备选采访对象："大万世居"工作人员、附近居民、参观的游客等。采访提纲见表4-3-6。

表4-3-6　"大万世居"实地参观采访提纲

时间、地点	2023年　　月　　日，坪山"大万世居"
采访对象	"大万世居"工作人员、附近居民、参观的游客
采访目的	了解"大万世居"基本情况（建筑布局、风格、特点、历史、有关人物故事等）、开发保护、游客接待等方面的情况
采访方式	当面采访、电话采访等
采访器材	录音笔、照相机或摄影机等
采访问题	"大万世居"建筑特色以及有关人物、故事、历史、民俗等

（二）小组研究分析

实地参观、采访结束后，同学们开展资料汇总、分析和研究，并结合网络资源进一步充实探究内容，达成研究共识，撰写探究报告。

（三）教师课前指导

在课堂展示分享实践探究成果之前，教师对学生的探究报告进行审阅和指导，对学生提交的前置学习任务单及探究报告提出修改完善建议，学生小组合作，为课堂分享做准备，并指导学生撰写解说词初稿。

第二部分：课堂展示

（一）教学目标

（1）在前期走访调研的基础上进一步观察总结，抓住"大万世居"的特征进行解说。

（2）围绕"大万世居"的特征，合理安排解说内容和解说顺序，灵活运用恰当的说明方法。

（3）学会展示分享探究实践成果，培养交流和撰写解说词的综合能力。

（二）教学过程

情境导入：国庆前，坪山区推出"游坪山，探未来"的坪山文旅季金秋活动，"大万世居"作为坪山区的文化地标，是文化游的重点。为了让同学们更好地了解坪山客家文化，成为文化传播的小使者，我们学校也开展了相关的综合实践体验学习活动，邀请同学们为"大万世居"当解说员，这节课我们一起继续"解说员"的学习之旅。

在前面几周里，同学们已经实地走访了"大万世居"并搜集了丰富的资料，初步完成了实践探究报告。这节课我们就来进行前期学习成果的汇报展示，在此基础上共同讨论并修改完善我们的解说词。汇报开始之前，老师想和大家一起回顾一下写好解说词、当好解说员的必要知识，也就是说明文的相关知识，因为我们的"解说"其实就是对"大万世居"进行口头的介绍和说明。

活动一：回顾核心知识，明晰评价标准

我们在第五单元学习了一系列的说明文，对于说明文，我们重点要把握哪些要点呢？哪位同学可以说说？

接下来，我们要把这些知识运用到我们的"大万世居"解说词修改完善中。在小组分享展示环节，请同学们注意边听边评价，评价可以参考我们学习任务单上的评价表（见表4-3-7）。

表4-3-7　"大万世居"解说评价表

评价要点	评价说明	评价等级	小组1	小组2
解说对象	解说是否围绕"大万世居"展开			
解说对象特征	解说能否抓住"大万世居"的特征			
解说顺序	解说是否遵循一定的说明顺序			
方法运用	解说中是否运用了一些说明方法，方法是否恰当			
语言特点	解说的语言是否准确、科学、简明			

活动二：前期学习成果汇报展示，小组互评

（1）分小组汇报展示前期实地走访的成果，约5组，每组3~5分钟。其他同学在听的过程中，任意挑选2个小组进行评价（解说对象是否明确、是否抓住"大万世居"的特征、解说顺序是否清楚、是否恰当运用了一些说明方法、解说语言是否准确生动）。

（2）小组互评，发现问题。

活动三：共同讨论，修改完善解说词

（1）总结存在问题

（略）

（2）突出事物特征

根据本组的前期学习成果，结合其他小组的分享，概括"大万世居"的特征。（提示：可以从建筑布局及特点、历史文化两个方面概括总结。）

（3）回顾说明方法

阅读以下文段，思考作者分别使用了什么说明方法来说明对象的特征？组内交流，每组至少总结一个方法。（学生分析，老师总结，结合评价标准，发现解说词提升空间并进行修改。）

① 我国的石拱桥有悠久的历史。《水经注》里提到的"旅人桥"，大约建成于公元282年，可能是有记载的最早的石拱桥了。（茅以升《中国石拱桥》）

② 赵州桥横跨在洨河上，是世界著名的古代石拱桥，也是建成后一直使用到现在的最古的石桥。这座桥修建于公元605年左右，到现在已经有1300多年了，还保持着原来的雄姿。（茅以升《中国石拱桥》）

③ 赵州桥非常雄伟，全长50.82米，两端宽9.6米，中部略窄，宽9米。（茅以升《中国石拱桥》）

④ 这是中国自古以来最大的一座纪念碑，从地面到碑顶高达37.94米，有10层楼那么高，比纪念碑对面的天安门还高4.24米。（周定舫《人民英雄永垂不朽——瞻仰首都人民英雄纪念碑》）

⑤ 桥面用石板铺砌，两旁有石栏石柱。每个柱头上都雕刻着不同姿态的狮子。这些石刻狮子，有的母子相抱，有的交头接耳，有的像倾听水声，有的像注视行人，千态万状，惟妙惟肖。（茅以升《中国石拱桥》）

⑥ 苏州园林栽种和修剪树木也着眼在画意。高树与低树俯仰生姿。落叶树与常绿树相间，花时不同的多种花树相间，这就一年四季不感到寂寞。没有修剪得像宝塔那样的松柏，没有阅兵式似的道旁树；因为依据中国画的审美观点看，这是不足取的。有几个园里有古老的藤萝，盘曲嶙峋的枝干就是一幅好画。开花的时候满眼的珠光宝气，使游览者感到无限的繁华和欢悦，可是没法说出来。（叶圣陶《苏州园林》）

⑦ 游览者必然也不会忽略另外一点，就是苏州园林在每一个角落都注意图画美。阶砌旁边栽几丛书带草。墙上蔓延着爬山虎或者蔷薇木香。如果开窗正对着白色墙壁，太单调了，给补上几竿竹子或几棵芭蕉。诸如此类，无非要游览者即使就极小范围的局部看，也能得到美的享受。（叶圣陶《苏州园林》）

⑧ 它像顶天立地的巨人一样矗立在广场南部，和天安门遥遥相对。（周定舫《人民英雄永垂不朽——瞻仰首都人民英雄纪念碑》）

⑨ 在德远堂的建筑中，石雕、木雕艺术也发挥得淋漓尽致，无不蕴含文化内涵。如主堂的陡板石，分别雕刻梅、兰、竹、荷等图案。大殿横梁上镌刻着宋代朱熹的警世名言："子孙虽愚，诗书不可不读；祖宗虽远，祭祀不可不诚。"（《德远堂的文化特征》）

文段＿＿＿＿＿＿＿（填序号）使用了＿＿＿＿＿＿＿的说明方法，说明了＿＿＿＿＿＿＿（说明对象）＿＿＿＿＿＿＿＿＿＿的特点。

（4）用方法显特征

每组在原有解说词的基础上，就"大万世居"的某一个特征尝试运用1～2种说明方法进行具体解说，并撰写相应部分的解说词（8分钟）。大致格式见表4-3-8。

表4-3-8 解说词修改升格及自评表

我选取的"大万世居"特点：＿＿＿＿＿＿＿＿＿＿＿＿＿＿		
我的解说词：＿＿＿		
自评要点	自评说明	自评等级
1. 以上解说词我运用了＿＿＿＿＿种说明方法，分别是＿＿＿＿＿＿（写出具体方法名称）	运用2种及以上说明方法5颗星，1种3颗星，无明确方法1颗星	
2. 我所运用的说明方法是否能够说明以上我所选取的"大万世居"的特点	充分说明5颗星，较好说明3颗星，不能说明1颗星	

（5）互评展示分享：组内互评，推选小组最佳解说词并进行班内展示。

（6）课堂学习小结：仔细观察，发现特征；学会比较，明确特征；引用资料，丰富特征；运用方法，突出特征。

（7）课后作业延伸

① 每位同学进一步完善自己的解说词，形成解说词终稿。

② 小组合作制作"大万世居"解说视频。

五、活动反思（课后总结）

新课改以来，强化课程综合性和实践性，推动育人方式变革，着力发展学生核心素养，凸显学生主体地位是课程改革的导向。在传统以教室为主要学习空间的学校课堂上，课程的综合实践性往往会受到一定的制约，或者有赖于教师创设的一定的学习情境。《义务教育语文课程标准（2022年版）》（以下简称"2022版语文新课标"）发布以来，我们可以看到越来越多丰富多样的情境教学出现在语文课堂上，但是不少情境往往空有情境，缺少学生真正在情境中的实践，因而可能是一些"伪情境"，缺乏实操性与可行性。

在这样的背景下，结合学生生活实际，开发真实情境下的综合实践体验课程，对于培养学生的核心素养和解决问题的能力十分必要，让学生对于知识的学习不再停留在记忆、理解、背诵的层面，而是能够学以致用、学用结合，运用知识解决真实情境中的生活问题，培养学生的关键能力和必备品格。

2022版语文新课标中首次提出"义务教育语文课程内容主要以学习任务群组织与呈现"，其中发展型任务群中的实用性阅读与交流尤其需紧扣"实用性"的特点，结合日常生活中的真实情境进行教学。部编版语文八年级上册教材中的新闻活动探究单元及说明文单元均为实用性阅读与交流的范畴，结合教材相关内容及学习要求，笔者选取了本地区富有文化特色的客家围屋"大万世居"（位于深圳市坪山区），作为开展相关语文综合实践体验学习的情境，以"我为'大万世居'当解说员"为核心任务，驱动学生开展综合实践学习。同时，该课程也是我校爱国主义体验课程的一部分，着眼于在体验学习的过程中让学生了解客家文化，激发对于中华灿烂文化的认同与热爱，建立文化自信，弘扬"家国之光"教育思想，让学生成为中华优秀传统文化的践行者、传播者和弘扬者。

这一课程也为后续情境化初中语文综合实践体验课的探索实践提供了一些有益的启示和借鉴。

（一）情境化语文综合实践体验课开发策略

1. 选题策略：从课本中来，到生活中去

虽然新课标强调要增强课程的情境性、实践性、综合性，但事实上并非所有初中语文的教学内容都适合以综合实践体验课的形式进行，因此我们要选择合适的教学内容作为此类课程的主题。具体来说首先要"从课本中来"，即在现行教材中加以筛选。以部编版初中语文教材为例，其中实用类文本的阅读写作、综合性学习以及部分文学阅读与创意表达与部分名著整本书阅读较适合开发为情境化的语文综合实践体验课程。

有了教材内容作为基础，老师还需在生活中积极发掘适合开展综合性实践学习的场所资源。一般来说，许多历史建筑、博物馆、公园等都有开展综合实践活动的潜质，教师可以结合教材内容积极发掘。以深圳为例，深圳作为一个自然及旅游资源丰富的城市，有许多富有特色的公园，且深圳虽然是一座年轻的都市，历史文化资源有限，但也不乏大鹏所城、南头古城等一些历史古迹，除此之外，还有许多新兴的文化资源场所如各式博物馆、图书馆、美术馆等，都可以作为开展综合实践活动的场所。在"我为'大万世居'当解说员"这一课程中，笔者选择了深圳市坪山区富有代表性的文化地标——客家围屋"大万世居"创设课程情境，结合部编版八年级上册语文教材中的新闻采访和说明文的阅读写作，设计了实地参观采访、网络搜集资料、撰写调研报告、写解说词、修改完善解说词、制作解说介绍视频等系列学习活动和任务，让学生在活动中学习及运用知识、培养能力。由于"大万世居"就是学生身边的古迹建筑，因此围绕"大万世居"开展的相关学习和活动能够真正落到实处，将学习从教室延伸到校外，让学生动起来，真正落实课程的实践性与综合性，做到"从课本中来，到生活中去"，进而达到"学以致用、学用结合"的目的。

2. 设计策略：确定目标—设计活动任务—确定评价方案

有了合适的选题后，老师还需根据确定的主题设计具体的学习活动和任务，完成课程的整体设计。这里可以采用"确定目标—设计活动任务—确定评价方案"三步策略。

首先是确定目标。这是核心，即学生通过该课程的一系列学习活动和任务究竟要达到怎样的学习目标，要学会什么，掌握到怎样的程度。如果目标不清晰，可能导致课程活动看似丰富却无法让学生有实质性的学习收获。在"我为'大万世居'当解说员"这一课程中，与语文学习直接相关的目标主要有"学生运用新闻采访相关知识在大万世居进行采访实践""在实地探访大万世居、搜集资料和调研活动的基础上把握大万世居的特征及其丰富的文化内涵，并运用说明文相关知识方法撰写解说词"。课程的主要学习活动任务均围绕以上目标展开。

其次是围绕目标进行具体的活动任务设计。课程中要设计一个核心任务，贯穿实践活动全过程，其他活动任务都围绕核心任务展开，这样可以让活动任务更富有逻辑性，且环环相扣，也能促使学生认真完成每一个学习活动。如"我为'大万世居'当解说员"的核心任务就是撰写解说词，实地参观采访、网络搜集资料、撰写调研报告等活动都是为写解说词这一学习任务进行的铺垫和准备，后面的修改完善解说词及制作解说视频，则是核心任务的进一步延伸和深化。

最后要确定整个综合实践学习过程性及终极性评价方案。评价方案有时也可以成为良好的学习支架，指导学生更好地开展活动，完成学习任务。"我为'大万世居'当解说员"这一课程，针对写解说词的核心任务，设计了"'大万世居'解说评价表"和"解说词修改升格自评表"这两个评价工具，将他评与自评、定性评价与定量评价相结合，用以评价和指导学生撰写解说词。

3. 组织实施策略：提前筹备—反馈指导—展示评价

由于综合实践课程通常需要不止一节课，且有时需要学生利用周末假期等课余时间完成一定的活动任务，在学习活动空间上也不局限于学校教室，因此在课程的实施阶段，良好的组织能够保证课程更好更有效地开展，关键有三点，即提前筹备—反馈指导—展示评价。

一是前置学习。开学之初，就要做好学期整体课程规划，以便安排充足的时间给学生开展前置学习探究实践活动，突出学生实践探究的过程，以免学生因为时间紧而只求结果，不重实践过程，难以达到综合实践体验课的预期目标。

二是重视前置学习探究的反馈指导。学生前置学习提交的探究报告等实践作业，老师需及时进行反馈和指导。仍以"我为'大万世居'当解说员"为例，部分学生在"大万世居"实地采访环节中，采访问题设计并不合理，其中有不少封闭式、宽泛不具体甚至无关主题的问题，会导致采访效率不高、获取的相关信息失真等。因此，教师要对学生学习探究的过程给予及时反馈与指导，促使学生提高学习效率，提高实践探究能力。

三是要重视课程中及课程最后的展示评价。这有利于学生互相学习、获得学习成就感。无论是活动过程中的阶段性成果还是学生最后完成的课程成果，老师都要以恰当的方式给学生提供展示的平台，如在课堂上组织学生通过PPT等多媒体分组汇报展示，将物化成果在教室展板、班级线上平台展示等。

（二）情境化语文综合实践体验课的价值考量

语文综合性学习是在新世纪语文课程改革中提出的，许多老师都对语文综合性学习能够提升学生的语文素养表示认同，但在实际的教学中，却很少有人真正关注并实施语文综合性学习，这与一线教学中客观存在的一些问题关系密切。相比语文综合性学习，笔者所说的"情境化语文综合实践体验课"更加强调"情境化"和"体验"，即让学生作为学习主体，在真实恰当的学习情境中充分调动自身积极性和自身体验加以学习，使学生在问题解决中学习，继而学会如何解决问题。这一过程中，学生的跨学科学习能力、综合实践能力可以得到更充分的锻炼，有利于学生核心素养的发展。

首先是学生跨学科学习能力的锻炼。在情境化语文综合实践体验课中，学生常常需调用多学科的知识共同完成某一学习活动的任务。比如进行"大万世居"的实地探访、了解"大万世居"的特点，学生不仅需要掌握语文的采访相关知识，在观察总结其特点、了解其背后的客家文化时，还会运用地理、历史、美术等相关学科的知识，如历史上的一些战乱或由官方主导的大规模人口迁徙等都是客家文化形成的原因；而客家围屋的特点、建筑风格、美学特点等则涉及地理与美术知识。因此情境化语文综合实践体验课程可以更好地促进学生的跨学科学习，锻炼学生的跨学科学习能力，发挥跨学科学习的整体育人优势。

其次，情境化语文综合实践体验课能够更好地落实新课标中的评价建议，实现教学评一体化。在活动过程中，老师需要关注学生活动的阶段性成果，从中发现问题并提出有针对性的指导意见，促进学生反思学习过程、改进学习方法；学生在活动过程中的学习态度、参与程度也是过程性评价的重要方面。而这些都是在常规课堂上容易被忽略的。

总的来说，情境化语文综合实践活动课程实现了课程资源的整合、多学科知识的运用，突出了课程的情境性、实践性和综合性，是落实新课标理念的具体路径之一，也是培养学生核心素养的有效方法。

当然，笔者相关的课程实践经验还十分有限，而在实践中不停探索思考以促进课程改革，正是此类尝试的意义所在。希望有更多这样的实践探索，共同促进教育教学改革，培养富有创新精神、能够学以致用的学生。

参考文献

［1］中华人民共和国教育部.义务教育语文课程标准（2022年版）［S］.北京：北京师范大学出版社，2022.

［2］王荣生.语文综合性学习教什么［M］.上海：华东师范大学出版社，2014.

第四节 "爱国爱家"主题实践体验 课程学科案例

热爱祖国，首先要爱国家的经济政治制度、法律制度等，爱社会主义核心价值观，忠诚于国家，胸怀祖国，自觉维护国家形象和祖国统一，坚决反对一切分裂国家的行为和思想言论；其次，要热爱国家的形象标志，包括国旗、国徽、国歌等；最后，爱国就要爱家，传承优良家训家风，维护家庭和谐，争创和谐家庭、文明家庭，为国家的和谐美好贡献自己的智慧和力量。

案例："我和学校：古诗中的游子情"综合实践 体验课程方案

一、课程目标

（1）教会学生从背景入手，理解鉴赏古诗，体会作者情感。

（2）通过游子情陶冶学生爱国情操。

（3）通过游子情让学生珍惜当下幸福生活。

二、学习目标

（1）运用美术、绘画、音乐等知识，理解鉴赏诗歌，体会作者情感。

（2）培养跨学科学习探究能力，进行自主、合作、探究性学习。

（3）培养家国情怀和必备品格，学会珍惜当下生活，弘扬传统文化精神。

三、结构设计

课程结构见表4-4-1。

表4-4-1　课程结构表

项目小组	中国古典文化源远流长，而古诗无疑是古典文化的典型代表，研究古诗能够提高我们的人文素养，增强我们的文化情怀。古诗学习是中学语文学习的重要组成部分，游子情则是古诗中抒发的一种非常普遍的情感。研究抒发游子情的诗歌一方面能提高我们的诗歌鉴赏能力，另一方面让我们了解特定历史背景下的文人墨客的思乡情怀，增进我们对古典文化的热爱，并由古及今，理解当下社会中普遍存在的游子情怀。每六人一组，分工合作，最后展示成果
搜集资料	学生已经学过一些关于抒发游子情的诗词，比如马致远的《天净沙·秋思》、孟郊的《游子吟》等等，有了一定的诗歌存备量，也具备了一定的诗歌鉴赏能力，对诗歌研究有一定的兴趣，并有独立运用多媒体查找资料的能力。且中考要考诗歌，大家都比较重视。这些都为诗歌研究提供了扎实的基础。学生要做的是通过各种渠道搜集大量的诗歌并将其中抒发游子情的诗歌筛选出来
方案设计	朗读鉴赏诗歌，并分析诗歌背景，理解作者情感，体会其中的家国情怀
成果展示	将抒发游子情怀的诗歌整理成册，熟读成诵，深刻地品读鉴赏。理解当下社会中普遍存在的游子情怀，提升学生的人文素养，让更多的人热爱古诗，热爱中国古典文化，并撰写研究报告及相关文章，分组展示成果
总结反思	每个成员对自己项目过程中的表现进行总结和反思，并写成一份完整的自我评价表

四、教学过程

（一）情境引入

中国古典文化源远流长，而古诗是典型代表，也是中国的文化瑰宝。研究古诗能够提高我们的人文素养，增强我们的文化自信。

（二）知识讲解

活动一：图书馆学习

2020年6月25日下午，我课题组前往图书馆查阅"古诗中的游子情"中所需要的资料，资料包括各朝各代的诗文、主题相关的论著等等。在指导老师的帮助下，学生们一起对课题所需的资料进行了收集和分类。

"古诗中的游子情"课题是2017年度深圳市中小学生探究性小课题立项的专项课题。此次前往图书馆学习的目的是查找课题所需要的资料，完善拓展知识面，为此次综合实践体验课程学习提供更为翔实的现实文献和学术支撑。

图书馆藏书丰富，是一个知识的宝库。在图书馆中，各小组成员们分工明确，围绕"触发游子情的社会历史原因""诗歌中作者常用来表达游子情的意象""抒发游子情的诗歌分类""当下社会中的游子情怀与古人有何不同"这几个方面展开资料的查询和收集。课题组成员们带着纸笔和手提电脑，采用手写、拍照、打字等形式将查找到的资料收集起来，并分门别类贴上标签纸，确定详细出处。

本次学习活动开展得很顺利，学生和老师都收获很多。学生积极性很高，不论是在讨论上，还是在调查过程中，都表现出了极大的热情和兴趣。通过此次学习，学生对综合实践体验式课程思考深刻性进一步提高，不断地完善丰富了课程内容，从美术、音乐、地理等多学科视角探索了诗歌中的文化元素和审美元素，发掘了多学科融合的诗歌丰厚内蕴，获得了综合探究学习的丰富体验。

活动二：游子情诗歌的学习

在综合课程探究的过程当中，我们对抒发游子情的诗歌进行了小组研究、分析、归类和判断，提炼出多种内容、不同地域、多元审美的诗歌特点，在具体真实的情境中体味作者的情感，感受作者在当时环境下的思想，提高审美素养和文化自信素养。本次活动学生带着任务走进诗篇的大千世界，身临其境，探究其中博大精深、丰富多彩的文化、审美、地理元素，感受综合学习探究诗歌的魅力。主要结合以下诗篇开展跨学科、多元化的学习探究活动：《闻王昌龄左迁龙标遥有此寄》《夜雨寄北》《次北固山下》《天净沙·秋思》。

此次学习我们关注背景，关注意象，关注作者，从地域特色、物象审美视角、诗歌音乐韵律等方面，探究作者是怎样运用意象、情境和韵律营造特殊的氛围，从而表达深厚的游子情的。

基于此，引导学生自主探究，开展综合性学习实践，进行诗歌深度实践学习探究活动，设置真实情境，学生表演、体验诗人在特定情境、地域和人生阶段的复杂情感。

活动三：探究怀乡诗的情操

中国古代诗人们那种浓厚的乡愁和深沉的怀乡情结，无不折射了来自生命本能的回归意愿，这些复杂情怀与他们的生活境遇、人地环境和自然景物融为一体。因此，探究中国古代的怀乡情，需要了解中国古代诗人的心路历程、时代背景、景物特点等多学科的元素，并运用跨学科学习探究的理念，去感受、理解和传承中华优秀传统文化的精髓，从而增强民族凝聚力和对国家的认同感、自豪感，培养深厚的家国情怀。中国古代的怀乡诗十分丰富，之所以值得我们欣赏和研究，是因为其具有高尚的审美价值、文化价值和地理美学意义。怀乡诗包含以下几个方面的情操：

一是爱国情操。故乡是每一个人的根，是激发情感的火花。远离故乡、家乡的一草一木、一景一物，必然牵动思念、怀想。自古家国一体，无国便无家，无家亦无国。特别是在家国危亡或家国沦陷之时，诗中首先表现的就是对故国家乡的深深眷恋。而这种深刻的眷恋，正是培养我们爱国情结的最好媒介。如李清照的《菩萨蛮》："故乡何处是？忘了除非醉。""靖康之变"使李清照陡然失去了故国家乡，过起了颠沛流离的逃亡生活。这种颠沛流离的苦难，更使诗人怀念起自己在家时的温馨生活，也更加怀念国泰民安的太平日子。可如今，美好的故国家园又在哪里呢？要忘掉自己的故国家园，除非是借酒精来麻醉自己痛苦的神经，可是这杯乡愁酒又怎能解除自己思乡的忧愁啊！酒醒之后，等待她的依然是国破家亡的切肤剧痛。全词深婉而曲折地表达了词人强烈的思乡念国之心。而这种强烈的思乡念国之心，只有将美术、音乐、地域背景的探究以及语文的朗读等多学科知识、能力相融合，才能更好地帮助我们感受作者的家国深情，让我们更加珍惜国家和平安定带来的幸福体验，在这个过程中，不知不觉地升华爱国情操。

二是壮志情操。中国有句古话叫作"好男儿志在四方"，这就是中国儒家出世思想对中国传统社会的深刻影响。中国古代的读书人在儒家文化价值观的指引下，宁可忍受离乡的孤独和寂寞，也要追求更深远、更宏大的自我价值。然而当这种自我价值实现时，其心灵深处的荣耀又与故乡、亲友密不可分。所谓的"衣锦还乡""光宗耀祖"，都是这种传统文化在诗人心灵中的折射。如刘邦《大风歌》中的"威加海内兮归故乡"，为什么"威加海内"要"归故乡"？这就是受中国传统文化中"衣锦还乡"和"光宗耀祖"观念的深深影响，归根结底是"故乡情结"驱使的结果。

如何引导学生体会这些诗歌的复杂情感？自然要联系时代背景、风物人情、地理与文化、历史渊源等，多维度、多视角地探究、品析、归纳、判断，进而体验其中的深意，才能全面把握诗歌的丰富内涵以及诗人的情感世界，而这正是学科综合实践体验课程的价值和意义体现。

远离故乡和荣归故里的出发点都是故乡情结，远离故乡是为了荣归故里。我们运用音乐、朗读等多种手段，深入探究体会刘邦的诗歌，很容易理解其渴望返归故乡的情绪是何等浓郁，建功立业的渴望又是多么强烈。

活动四：探究古诗中游子情产生的根源

（1）文化根源。

① 农耕社会。

结合历史、地理和政治等学科知识，引导学生理解古人安土重迁的思想根源。几千年的农耕社会和纷繁复杂的历史变化，铸造了人们故土难离的家国情结，即使离开故土也要衣锦还乡、落叶归根。滞留他乡往往让人觉得不稳定和无着落，而对故土，对以往生活的忆念便成为一种心灵的慰藉，成为灵魂的寄托。

②注重亲情。

中国自古以来就有祭祀宗祠的传统。自身的命脉和宗亲源远相续，超越时空，"家"如同一只无形的巨手，始终归拢着中国人的长幼亲情。无论走多远，家永远是最温暖的归处，亲人永远是思念的源泉。中国人重亲情，所以更在乎团圆。逢年过节，家人团坐，叙叙奔波劳碌之苦，忆念往昔美好时光，家族亲情在年节的团聚中得到延续。而此时游子若滞留他乡，孤灯相伴，形影相吊，"遥知兄弟登高处，遍插茱萸少一人"，或是"想得家中夜深坐，还应说着远行人"，孤独寂寞之感便油然心生。王维名句："独在异乡为异客，每逢佳节倍思亲。"一个"倍"字，道出了游子佳节之日强烈的思乡情。这种深沉的家乡情怀和文化苦旅生涯，孕育了中国灿烂文化的根基——家国之思，爱国之情。

（2）社会根源。

学科综合实践探究的优势就在于引导学生用多学科知识，解决真实情境中的真实问题，达到学以致用、学用结合的目的，培养和发展学生的思维能力、探究能力、审美能力和文化自信等，促进其综合素养的发展。

①交通不便，通讯不便。

古代农耕文明时期，交通只能依靠人力和畜力，通信只能靠鸿雁、驿使传书，一旦离乡，长路漫漫，何日是归年？关山迢迢，乡书谁人递？在无数个节日或月圆的晚上，漂泊的游子怎能抑制无边的思念？

历史可以帮助学生探究农耕社会的特点，信息手段可以缩短时代之间的距离，联结古今文明，演绎时空交织，将历史、信息和诗词融会于一体，让学生进行探究学习，既能激发兴趣，又能提高学生的实践探究能力。

②宦游漂泊，羁旅怀乡。

我国古代以"治国平天下"为理想的士人为了追求功名、建功立业，往往抛妻别友，赶赴他乡任职。而一旦踏上仕途便身不由己，或滞留京城，或远赴任所，还有相当一部分人被贬谪至尚未开化的蛮荒之地，身居举目无亲之所。无人慰藉，呼天不应，叫地不灵，这些痛苦境遇，常常会使诗人涌起剪不断、理还乱的乡愁。

③战乱频发，征人思乡。

人类社会是从血与火的洗礼中走向文明的。自从有了人类，就没有停止过战争，改朝换代、外敌入侵、内乱爆发，不管战争原因如何，对于战士们或战乱中逃难的人民来说，他们首先要面对的是两种残酷的现实：一种是与亲人、家乡的远别；另一种是最终的流血与死亡。而当这愁思和恐惧同时占据他们的思想时，他们对亲人和家乡的怀念也就分外强烈。因为这时的家乡对他们来说不仅意味着团圆和温暖，而且意味着人类最为基本的需求——和平与安全。

活动五：探究抒发游子情诗歌的意象

借助手中已经整理成册的诗歌，我们一起探讨游子情诗歌中常见的意象，总结如下：

（1）鸿雁。鸿雁是大型候鸟，每年秋季南迁，常常引起游子思乡还乡之情和羁旅伤感。比如温庭筠的《商山早行》"因思杜陵梦，凫雁满回塘"，范仲淹的《渔家傲·秋思》"塞下秋来风景异，衡阳雁去无留意"，杜甫的《月夜忆舍弟》"戍鼓断人行，秋边一雁声"，王湾的《次北固山下》"乡书何处达？归雁洛阳边"。

（2）月。月亮是诗人抒情达意争相选取的一种意象，在许多诗人笔下都是思乡念亲的标志。李白的《静夜思》中写"举头望明月，低头思故乡"，王安石的《泊船瓜洲》中有"春风又绿江南岸，明月何时照我还"，张九龄的《望月怀古》中有"海上生明月，天涯共此时"，杜甫在《月夜忆舍弟》中写"露从今夜白，月是故乡明"。游子流浪在外，思念家乡，总觉得无论什么事物都是故乡的好，连天上的月亮也是故乡的又圆又亮。"月是故乡明"是异乡游子对家乡深切思念的体现。

（3）乐器。李益的《夜上受降城闻笛》"不知何处吹芦管，一夜征人尽望乡"，李白的《春夜洛城闻笛》"谁家玉笛暗飞声，散入春风满洛城"，范仲淹的《渔家傲·秋思》"羌管悠悠霜满地"，都借乐器或乐器之声营造思乡的氛围。

（4）白发。杜甫的《春望》"白头搔更短，浑欲不胜簪"，范仲淹的《渔家傲·秋思》"人不寐，将军白发征夫泪"。

还有很多，譬如家书——杜甫的《春望》"烽火连三月，家书抵万金"。譬如梧桐——李煜《相见欢》中的"寂寞梧桐深院锁清秋"。最特别的莫过于通过意象叠加营造气氛。如温庭筠的《商山早行》"鸡声茅店月，人迹板桥霜"和马致远的《天净沙·秋思》"枯藤老树昏鸦，小桥流水人家，古道西风瘦马"。

活动六：深圳人的游子情

（1）活动内容。

本次活动我们通过采访调查，探究深圳人的游子情。

众所周知，深圳是一个移民城市，95%以上的人口是外来移民，但也正是这些外来移民创造了深圳城市的发展史。作为中国最大的移民城市，称移民者为"来深建设者"，同时也喊出了深圳的精神口号之——"来了就是深圳人"。在深圳，没有固定的方言，普通话走遍鹏城。正因如此，这个城市具有强大的包容性。走访调查后发现，我们身边的同学就来自全国各地，涉及省市包括河南、四川、重庆、湖南、江西、湖北、福建等。

每年的春节，大批的游子返乡造成深圳空城。但是近年来，深圳推出了这样的城市文化——"来了就是深圳人"，让所有漂泊的游子有了归属感，因此越来越多的移民深圳的人举家迁移，定居在了深圳。经走访调查得知，目前深圳的学生有很多是从小在深圳长大的，从某种程度上来说，他们其实已经是土生土长的深圳人了。

通过这次活动，学生深刻认识到：我们热爱这座城市，不仅仅是因为我们在这里长大，更是因为它的包容，它给所有人提供了成长的平台，让每个深圳人都能成长为最好的自己。这样就促进了学生对家乡深圳的认同感和自豪感，进而增强家国情怀，自觉培养文化自信和区域认知素养，提高关键能力和培养必备品格。

（2）活动规则。

① 资料搜集：学生可以在网上搜集有关游子情诗歌的资料，也可以在课下与老师和同学进行交流讨论。

② 活动方式：确定主题，独立思考，写下鉴赏分析，小组汇总进行综合筛选。

③ 进度保证：建立项目小组，明确分工，合作分享主题的设计。

五、教学框架

（1）导入：创设诗歌情境，激发学生学习兴趣，为学生实地探究奠定基础。

（2）展示搜集诗歌：指导学生根据"游子情"主题，广泛搜集相关诗歌，并自行确定内容分类标准；小组集体研究，形成初步探究小报告，为课堂展示分享做准备。

（3）鉴赏分析：注重诗歌鉴赏的方法指导，重点是结合诗歌内容、语言、格律等因素，引导学生学会体会游子思乡爱国之情，理解古人的家国情怀，从中受到触动、激励和鼓舞，从而增强家国情怀，并学会对文学作品进行深度学习和体会。

（4）课堂分享：通过小组展示分享古诗中游子的思乡爱国情感，理解诗歌传承的文化和艺术价值；小组之间互相质疑解惑，同时开展评价，相互促进，共同提高。这样既彰显了学科实践课程的学习自主性，又践行了新课标的情境化教学和教、学、评一致性的全新理念。

（5）赏析作业：在自主学习和小组合作探究以及分享展示的基础上，引导学生对某一首或几首诗进行赏析，进一步感受爱国思乡之情，培养学生阅读能力和口头表达能力，增强其家国情怀，培养文化自信。

六、评价交流

表4-4-2　古诗中的游子情项目评价表

评价指标	评价标准（优、良、中）	学生自评	小组互评
诗歌展示	优：展出游子情经典诗歌； 良：能展出游子情诗歌； 中：能展出诗歌		
鉴赏分析	优：能结合背景、写作手法鉴赏诗歌； 良：能结合相关背景鉴赏诗歌； 中：能说出诗歌表达的意思		
质疑问惑	优：能够质疑，解答深刻； 良：能够质疑，解答浅显； 中：不能解答		
分享展示	优：能够选准主题并且分析得有理有据； 良：有主题但分析不深刻； 中：有主题有分析但都较浅显		

七、活动反思

在综合实践中，随着对游子情探究的深入，学生们实践探究不仅从游子情迈向更多元化的情感，而且实践探究的范围也变得更广阔了。

（一）情感漫溯

对古诗中的游子情的探索实现并提升了学生语文四大核心素养之一的审美鉴赏能力。美，是人类正常的需求，也是更高尚的需求。在赏读古诗的过程中，我们带领学生发现其中的情感美、音韵美、意境美等，挖掘其中的精神内涵，感受诗歌的魅力。让学生受感染，被触动，让古诗浸润、丰盈他们的内心，让他们体验到文字带给人的情趣，从而唤醒他们对语言文字的渴望和热爱，让他们的情感随着探索的深入向更深处漫溯。

游子情的深入挖掘让孩子懂得：我们要爱父母，爱家庭。唐代诗人孟郊的一首《游子吟》流传至今，依然具有让人潜然泪下的力量："慈母手中线，游子身上衣。临行密密缝，意恐迟迟归。谁言寸草心，报得三春晖。"孟郊早年漂泊无依，一生贫困潦倒，直到五十岁时才得到了一个溧阳县尉的卑微之职，结束了长年的漂泊流离生活，便将母亲接来住。诗人仕途失意，饱尝了世态炎凉，此时愈觉亲情之可贵，于是写出这首感人至深的颂母之诗。虽是颂母之诗，却将游子内心的痛淋漓尽致地反映出来了，我们怎能让年迈的母亲望眼欲穿，忍受锥心思念之痛呢？所谓"父母在，不远游"，即使我们远游，也要常回家看看，多和父母联系，父母在，家在！

游子情的深入挖掘让孩子懂得：我们要爱家乡，那里有我们的童年，是我们梦想起航的地方。不管你现在身在何方，请不要忘记，那里是我们的家园！

游子情的深入挖掘让孩子懂得：我们要热爱祖国。在战乱频繁、社会动荡不安的局势中，百姓颠沛流离，他们没有选择，随时面临生死离别之苦。于是才有了杜甫的"安得广厦千万间，大庇天下寒士俱欢颜"的呼唤，有了文天祥的"人生自古谁无死，留取丹心照汗青"的决心，有了王昌龄的"不破楼兰终不还"的誓言！所以我们要誓死维护祖国和平。今天的我们庆幸生活在如此和平的年代，感谢先烈为我们创造了如今的幸福生活，即使远离家乡也不孤独，因为我们都是中国人。

游子情的深入挖掘让孩子懂得：我们要热爱一座城市。我们热爱这座城市，不仅仅是因为我们在这里长大，更是因为它的包容，它给所有人提供了成长的平台，这里有我们的父母、亲人、同学。有父母、亲人在的地方便有我们的故乡情，便有我们的牵挂。

同时，愿我们做生活的有心人，时刻关注城市的人文状态，将中华优秀文化传承下去。

（二）范围漫溯

古诗中游子情的探究激发了学生更广泛的兴趣。学生的探究不再仅仅停留在古诗或者游子情上，他们在往更广阔的领域发展。比如他们将古诗与绘画结合，研究古诗的图画美，尝试为课本里的每一篇古诗配上插图；比如他们进行朗诵，探究不同情感的诗歌在朗诵节奏上的不同，并思考将同一首古诗配上古筝曲或钢琴曲，效果会有怎样的不同；比如他们为了推广阅读，进行阅读推荐卡的制作，设法用不同手段来吸引人眼球；等等。学习生活中的每一个吸引他们的点都将成为研究对象，他们将随时捕捉和留意更多的细节，并进行适当的研究，及时反思总结。

这正是我们说的"授人以鱼不如授人以渔"。此次综合实践探究的意义不仅仅在于古诗游子情本身，而是在此过程中积累的经验和方法。我们的目的也正是传授给学生方法和手段，以培养学生自主学习、自主思考、自主探究的能力，促使学生在今后的学习生活中发现问题、解决问题，实现学以致用、学用结合的目的。

第五章

地理学科体验课程实施路径和基本策略

地理学科教学与爱国主义教学密切相关。从自然资源角度看，我国地大物博，自然资源总量丰富，但人均不足，地理教学应该引导学生珍惜自然资源。

从祖国的美好河山角度来看，祖国山川壮丽多彩，长江、黄河是世界著名的长河，同时也是中华文明的摇篮，古往今来，备受文人墨客讴歌，教师结合长江、黄河的有关地理知识，结合青藏高原最典型的自然特征"高寒"，以及青稞、豌豆、牦牛、藏羚羊等丰饶的物产，点燃学生的爱国热情和民族自豪感、自信心。

从祖国可持续发展的角度来看，生活中有很多资源不可再生，如煤矿、铁矿、石油等，生活中资源浪费和水土流失现象屡见不鲜，空气污染问题也不容忽视。面对这样的现实情况，我国如何才能可持续发展？教师引导学生结合地理知识深入思考，重视环保，培养正确的环境观、价值观和人生观，让爱国主义情感化作学习地理知识的动力，培养学生的地理实践力和综合思维能力，让他们在综合实践体验课程中，发现并解决真实的地理问题，从而发展地理核心素养。

第一节　地理学科核心素养的内涵与导向

彰显地理学科价值的关键是落实地理核心素养，其内涵丰富，包括学生的知识、思维、方法、观念、品德和实践力，因此，培养学生地理核心素养的地理教学活动设计就显得尤为重要。应该循序渐进，由低到高，由浅入深，以培养地理关键能力为抓手，进而培养学生的地理核心素养。

地理核心素养的内涵直接指向学生的成长和终身发展，具体表现为学生运用现代技术更好地适应社会发展需要，实现个体与社会环境融合发展，最终彰显人与社会的和谐融合以及可持续发展。只有基于地理学科素养进行价值考量，才能对地理学科核心素养的教学导向有更加科学的理解和认知。

一、人地协调

人地关系是指人与自然、人与社会的关系，包含自然环境和人文环境两个方面的内涵，人地协调观是地理教育的核心观点。人地协调观念直接指向地理教学中对学生进行的地理观念和价值追求方面的培养和引导，要求培养学生发现、分析和解决各种地理问题的能力，引导学生探寻解决问题的有效途径，建构实现人与自然和谐相处的价值体系和方法体系。

教学中对学生人地融合观念的培养，可以从以下几个方面着手：一是正确认识自然万物的表象特征及其内在原理和规律，深刻理解自然环境是人类生存发展的生命之源和物质基础；二是理解人类活动对地理环境的影响，尊重并利用自然规律，促进人类生活与地理环境有机统一和高度融合；三是提升对人地关系的认知，深刻理解人地关系和谐发展是由低到高、由浅入深的循序渐进的过程；四是理解人类与地理环境的相处之道是建立在平等、合理、科学的基础之上的，只有人地友好相处，相互成就，才能实现双赢，只有人类和地理环境和谐共融、相互依存、促进共生，才能达到人地的可持续发展，创造人地和谐共生的美好境界。

人地协调观的考查形式多样。如让学生介绍薰衣草耐旱、怕湿、喜日照的生长习性，除原产地普罗旺斯外，薰衣草在我国新疆伊犁河谷也广泛种植。在介绍完薰衣草有关知识后，再让学生思考，在我国新疆广泛种植薰衣草可能带来怎样的环境问题，从而培养学生人地和谐意识。又如结合"地球生态超载日"概念，引导学生认识部分年份地球生态超载日变化现象，思考探索这种现象发生的原因，进而产生资源危机意识，提出整改措施和合理化建议。

二、区域认知

地理学科核心素养的第二个维度就是区域认知。区域认知作为核心素养的重要内容，在全国各地学业水平考试中引起了足够的重视，地理试卷的命题思路、考查重点和难易程度都会直接影响学生地理学业水平，而考试内容又往往和区域认知密切相关。如近5年来的江苏学业水平测试，不少优秀学生在地理这门学科上成绩并不理想。认真研究2016年江苏地理学业水平测试试题，我们发现对地理核心素养中的区域认知能力的考查，成为命题者关注的重要内容之一。其中第5题选择题，利用微信登录界面的地球影像图，通过赤道附近云系的分布位置及M地所处的纬度位置，让学生推测图片拍摄时间及风带名称；第6题从大陆形态、纬度位置进行区域定位，判读所处半球及风带，进而分析大陆两岸的洋流类型；第29题，若通过对黄河形状、黄土分布位置、流域界限的分析，定位到黄土高原，就很容易选出河流含沙量增大这个答案。综合近几年的考题，我们可以看出，命题者不仅注重考查基础知识，还融入社会热点元素，综合考查学生的区域定位、区域认知、区域对比能力，从而体现了地理学科区域性的独有魅力。这种考试方向体现了地理核心素养的要求。

同时，将地理核心素养作为地理教学的指导依据，深入开展以地理学科综合实践体验课程探究为核心的教学活动，不仅有利于培养学生正确的地理价值观、世界观、人口观、环境观和资源观等，还可以增强学生的爱国主义意识，培养其热爱祖国大好河山的爱国情怀，进而发展学生的综合思维能力、区域认知能力，从而有效地增强学生的地理实践能力，实现个体的可持续发展。

区域认知能力培养的价值是多元的、立体的，从学生对区域认知的理解关乎个体价值、区域发展和社会交融等多个层面。

根据地理核心素养，我们将地球表层划分为尺度各异、功能多元和类型多样的区域，而学生个体对各区域的整体性和差异性的认知，有助于厘清地理区域之间的联系和相互依存、作用的原理等，进而对不同区域做出科学的评价，提出合理的发展建议，并基于此，对不同区域未来社会生活做出合理的规划，从而更好地融入社会，参与未来生活，形成个体价值观、世界观、环境观、人生观等关键品格，涵养深厚的爱国主义情怀，培养国家民族自尊心、自豪感。

当然，个体区域认知能力和观念的形成，离不开地理教学的引导和培养。地理教学要引导学生明确区域认知的丰富内涵，具体包括以下几个方面：

一是要了解区域是地球表层的基本单位，要引导学生运用地理工具从空间角度把握区位条件，认识地域规律。

二是要认识区域具有整体性与差异性共存的地理特征。要培养学生整体把握区域特点，区分不同区域的地理差异，并且善于运用区域之间相互联系、相互促进、相互影响的规律，对各区域进行深度理解和剖析，进而建构大地理、大环境观念，为区域发展提出未来构想和科学规划。

三是要用发展的观点看待区域的特点与差异。每个区域都不是一成不变的，特别是其中的自然生态环境、人文社会建设等，总是在不断发展和变化，因此，地理教学要引导学生运用动态发展的观点进行区域分析与评价。

四是要有地球一体化认知的视野和眼光。地理教学必须培养学生的全球视野，引导他们深刻认识各个区域、国家是相互关联、彼此成就、共同成长、和谐共生的命运共同体。

三、综合思维

地理学最重要的也是最基本的思维方式，就是综合思维。因为地理学研究的地表万物和现象丰富多彩、纷繁复杂而又变化万千。自然景观千姿百态、精彩纷呈、复杂多变；人文景观底蕴深刻、博大精深、无比厚重。更为重要的是，自然景观和人文景观相互关联、依存、交融、促进，和谐共生，共同发展，其内容的丰富性、形式的多样性、历史的发展性、状态的交融性，具有深刻而复杂的地理价值和文化价值，彰显了多学科交叉、互融、共生。综上所述，地理学科具有跨学科学习的综合性很强的知识体系，因此也是培养学生综合思维，开展跨学科学习的重要载体。

培养地理综合思维，既要研究地球表面各要素的关联性、整体性和综合性，更要探索各要素之间的复杂性、多样性和发展性。地理教学可以从以下几个方面培养学生的综合思维：

一是对地理学科各种研究对象进行综合研究。引导学生探究地理物象、现象和问题等各要素之间的相互作用、相互影响的关系的同时，也要使其理解地理环境的整体性，研究地球复杂元素的相互关联、促进和发展。

二是着眼于地理时空立体角度进行探究。引导学生理解地理事物不是一成不变的，地球万物都处在不断发展、生成和演进之中。只有在关联中发现地理现象规律，揭示内在科学原理和秩序，才能真正看到地理复杂面纱之后的美好，引起学生对地理学的兴趣和向往，从而珍爱地球，保护地球。

三是选择地域范畴，开展综合思维的训练。引导学生学会结合某地自然情况、人文因素和社会要素等，对该地的地理特征、人文景观以及经济社会发展状况之间的内在联系进行地理学探究和分析，进而形成对地域特色的科学性解释，提出经济社会发展的合理化建议和规划。

例如，2016年江苏地理学业水平考试，第13～14题引入"森林分布下线高度"概念，通过图形描述不同年份在不同方向上的森林分布下线高度，让学生从光照、降水、地形、土壤等角度综合分析东南坡森林分布下线高度较高的原因，并在此基础上，进一步考查1999—2009年森林分布下线高度变化的人为原因。第15～16题以"皖电东送"为背景，让学生从矿产、交通运输、市场、工业基础等方面综合分析安徽实施"皖电东送"工程的有利地理条件，并研究该工程对输入地地理环境的影响。在综合题41题中，通过冷暖锋交汇时平面图和立体图的展示，引导学生分析冷锋过境时气温、气压、雨区位置等变化情况，并探究在该天气系统影响下，可能给我国南方带来的常见灾害性天气等。这些考题都注重了对学生地理综合思维能力的考查。

四、地理实践力

地理实践力包含两方面的意思，一是地理实践，包括传统意义上的室外地理观测、调查、分析和研究，课堂内的教具制作、问题探究、地图绘制、地理实验等；二是地理实践力，指的是学生运用地理知识和方法，探究解决生活中的真实地理问题，如环境保护、生态建设、水质监测、植被分布规律探索、气候现象解释、物候规律与生活的关系、动物保护等；培养学生适应环境、发现并解决问题的能力，进而培养学生的自信心、责任感和团结合作等优秀品质。

地理实践力，可以从以下四个方面去理解。

一是当学生置身野外自然环境时，要学会正确使用相应地理工具，如地图、罗盘、GPS等确定自身所处方位，并且能够准确描述所处环境特点，如地形、地貌、天气、植物、土质等。

二是学会正确运用地理知识进行自我保护，预防或者躲避自然灾害，在发生地质灾害时，能够运用地理知识自救脱险。

三是学会自主设计地理实验方案，完成实验观测、数据记录，概括、推导、分析和阐释地理现象或疑问。

四是学会关注社会地理现象及其变化，正确运用地理手段和方法，科学分析其内在原因，并提出应对策略和思路，展现合作交流精神和社会责任意识。

地理实践力在学业水平考试中也得到了充分体现，主要是通过虚拟场景设置，考查学生运用地理知识和综合思维，解决生活情境中的真实问题。如创设"某道路照明景观图"的场景，配上真实的道路路灯图片，让学生思考影响太阳能电池板倾斜角度的因素以及能量来源；以城市规划为切入点，让学生扮演市长角色，根据该市盛行风向和已有条件，尝试布局高新技术产业区和城市通风廊道；让学生"置身"于我国云南西双版纳，通过地形、河流、降水、气候类型、植被类型、森林覆盖率等描述，为学生营造热带雨林、热带季雨林的环境，让学生讨论林下种植茶树、咖啡、草药、草果等的可行性，以及建立多层次人工经济林复合生态系统的作用。

在对地理实践力的考查中，各省市各具地方特色，大多以本省区独特的地理事物作为切入点，但题目切入口逐渐变窄，形式单一。为了更好地检测学生的地理综合实践能力，应以地理实验设计、绘图技能、地理实验观察等角度为切入口，更加全面。

地理学科核心素养不仅是学习地理知识、培养地理实践能力的导向，更是地理学科教学的指引，还是学生地理核心能力考试的重要方向，值得教师和学生高度重视。

第二节　地理学科综合实践体验课程设计思路

　　设计地理学科综合实践体验课程，以凸显地理课堂教学中融合爱国主义教育，弘扬光祖百年历史文化精神，体现光祖中学"家国之光"的办学思想，是我校地理学科义不容辞的责任和使命，也是义务教育新课程标准赋予我校地理学科的重要任务和教学要求。根据义务教育新课程标准确定的地理核心素养内涵，可以从人地协调、区域认知、综合思维和地理实践力四个方面选取地理学科综合实践体验课程的设计角度，或聚焦一个素养，展开跨学科融合课程设计，或多种素养共同训练，并融合其他学科的知识和能力，进行实践探究课程的设计。具体来说，还要结合校情、学情以及所处地理区域环境特点等因素，综合考量实践体验课程的设计内容和实施形式，最终形成切合实际、行之有效的地理学科综合实践体验课程的设计路径和基本策略。

　　在具体的教学实践中，可以从以下几个方面探索建构综合实践体验课程的设计路径。

一、基于教材的实践体验课程方案设计

　　地理课程研究的对象是地球表层万物以及它们与人类的关系，即地理环境和人的关系。这样的研究对象决定地理学科兼具自然科学和社会科学的特性，体现出鲜明的综合性、实践性。这就要求中学地理教学应该重视课内外的结合，引导学生走出课堂，到大自然和社会环境中去，运用地理知识和工具，去发现真实生活情境中的问题，并在实践探究过程中学会解决问题，达到"学以

致用，学用结合"的教学目的。

为此，可以结合人教版初一地理教材，从以下几个方面设计综合实践活动体验课程方案。

一是在教学人教版"地图"这一章节后，设计"手绘光祖中学平面图"综合实践探究活动。

学生入学时间短，对校园情况比较陌生，结合刚学过的地图基本要素，学以致用，引导学生积极参与"手绘光祖中学平面图"的活动，学生兴趣盎然。他们将所学的地图有关知识和美术知识以及观察测量工具等基本知识结合起来，通过小组合作探究，完成实地探究任务，并撰写探究小报告，为课堂展示分享环节做准备；课堂分享，由各小组代表展示手绘光祖中学平面图，或制作PPT进行介绍；作业环节要求学生根据课堂展示分享，取长补短，完善学校平面图，再展示在学校宣传橱窗，供全校师生观赏或学习借鉴。整个实践体验课程体现了地理学科为主导，融入美术、信息、语文等学科知识学习，既解决了光祖中学平面图的真实问题，又达到了跨学科学习和培养地理实践力等教学目的。"手绘光祖中学平面图"活动成为学校综合性实践学习的一道亮丽风景线。

二是教学"海陆的变迁"这一章节后，设计了"实地考察探究故乡的海陆变迁综合实践体验课程"方案。

第一个环节，学生分成多个合作小组，带着具体任务，通过实地观察、调查、采访、查阅文献资料等方式，去寻找、发现和探究深圳坪山区海陆变迁的现象和痕迹。由于我校地处深圳沿海地区，海陆变迁的实例屡见不鲜，学生参与热情高涨，探秘成果颇丰，如海边浪蚀崖、山上的鹅卵石等。特别是对于坑梓的由来，学生兴趣浓郁。经过实地探究，小组合作研究分析，撰写了探究小报告。

第二个环节，课堂展示分享。在展示中开展自评、互评活动，体现教、学、评的一致性。

第三个环节，布置课后作业。让学生在展示分享的基础上，经过小组再研究、分析和深度学习后，进一步完善实践探究报告，作为学习的延伸和拓展，也是对综合实践活动的评价和反馈。

二、结合区域环境的综合实践体验课程方案设计

随着社会经济高速发展，深圳的人口也急剧增长，现在已经成为拥有近2000万常住人口的国内一线城市，正因如此，所面临的环境问题也日益突出。坪山区作为快速发展的区域，环境的规划、保护和美化，是不容忽视的课题。关注并探索坪山或者坑梓的环境建设和保护，是开展综合实践体验课程设计的重要切入口。

一是结合重大的环保节日，引导学生开展"美化坑梓，光祖有我"的综合实践体验课程活动，如每年的4月7日"世界无烟日"、4月22日"世界地球日"、6月5日"世界环境日"等。结合上述节日，引导学生搜集资料，学生深入了解并关注身边的环保问题，探索解决方案。例如开展数学建模优化垃圾分类活动、数学建模优化光祖中学校门口红绿灯管理，以及客家围屋"大万世居"保护等综合实践探究活动设计，具有很强的现实意义，可以有效激发学生的环保意识，以及美化环境、解决环境问题的探索欲望，彰显爱国爱家的家国情怀，收效非常显著。

二是结合自身周边环境，引导学生发现问题并探索解决问题的方案。引导学生利用节假日出游机会，小组合作发现坑梓或坪山区的一些具体环境问题，并设计相应的环保活动。如坪山河湿地环境调查与保护活动、光祖中学校园生态环境调查与保护建议活动等。通过综合实践体验课程的探究活动，培养学生自觉运用地理、生物和语文等多学科知识，发现身边问题，提出解决方案的能力，增强学生的环保意识，培养"学会生存，学会生活"的综合素养，对学生成长和发展起着不可估量的作用。

三、借助其他学科设计综合实践体验课程方案

初一、初二阶段，地理学科课时较少，导致地理综合实践活动受到很大限

制，但借助其他学科开发地理综合实践体验课程却潜力巨大，值得引起高度重视。如与历史相结合，开展"介绍我的故乡"综合实践活动；与语文相结合，探寻古诗词中的美丽中国自然风光和人文景观，组织一次"诗词中的美丽中国"主题探究活动；与美术课相结合，开展主题为"我们的校园"的手抄报比赛；与音乐相结合，探索"歌词中的地理名称"主题活动；等等。多样化的综合实践活动可以使学生的综合素养得到发展，促进各学科学习的同步成长，相得益彰。

四、依托研学旅行设计地理综合实践体验课程

义务教育新课程标准明确指出："地理课程选择与生活紧密相关的地球与地图、世界地理、中国地理和乡土地理等根底知识……提升学生的生活品位，增强学生的生存能力。"可以以初中地理课程四大板块为框架，围绕初中地理新课程三大理念，开展综合实践体验课程的路径探索和方案设计。

（一）结合"地球"与"地图"部分学习和记忆设计综合实践体验课程

初中地理课程中，"地球"与"地图"两部分，重点培养学生的知识运用和迁移能力。如学习"地球"部分，可以组织学生参观天文台、科技馆和天文博物馆等，在观察日食月食动态改变虚拟视频和星体轨道运行演示图之后，学生的空间想象能力会得到有效提升，能更好地理解地球运动原理；结合地图记忆，引导学生自主设计野外游学线路，并利用指北针在山野确定方向。这些全方位、立体化、发散性的地理课程实践活动，有利于培养学生的综合思维和地理实践力，而且行之有效。

（二）结合世界地理学习设计区域认知综合实践体验课程

借助世界地理引导学生正确认识区域地理的重要性，可以设计研学旅行，帮助学生正确认识区域，了解人类面临的人口、资源、环境和发展等重大问题，培养学生的人地协调和区域认知能力。为此，可以以深圳国际交流机构、出国旅行俱乐部等作为研学基地，通过导游介绍、实地走访、观察视频、查阅文献等方式，让学生了解各大洲各个国家的概貌和发展状况，学会运用地图等

地理工具了解各大洲或国家的经纬度和海陆位置；也可以带领学生与高校里的外国学者交流沟通，了解世界文化特色，以及我国对外开放的合作与进展等。这种综合性、实践性很强的体验活动，能大大增强学生的区域综合观。

（三）结合中国地理学习设计整体性和多样性并存的综合实践体验课程

中国地理呈现整体性与差别性并存的显著特点，可以设计研学旅行综合实践体验课程，帮助学生认识区域要素的差别性和国家的整体性。如在讲中南部时，可选取河南省信阳市作为研学旅行基地。信阳市鸡公山风景区既有南北过渡性自然特征，又有南北共融的文化内涵。学生到这里研学旅游，可以从视觉上感知针叶林和阔叶林共生、常青树和落叶树并存以及植被的颜色、形态的对照等自然风光，还可以通过茶艺表演、茶文化讲座等多种形式，感受南北气候与文化差异，让学生了解气候、土壤、地形等要素对种茶的重要性。这种研学实践课程，有助于学生对区域认知的深化。

（四）结合乡土地理教学设计区域地理认识的综合实践体验课程

设计开放型地理实践活动，可以选取乡土地理内容，提高学生对本土地理特征和经济社会发展关系的理解和认识。可以引导学生按照自己的兴趣设计一个主题，以所在区域的城镇或乡村为载体，开展自然资源、人口交通、经济文化产业等方面的讨论。以坪山坑梓片区为例，初中生可以走访调查生态自然环境、麒麟文化、客家围屋等，了解家乡的发展规划、人口现状和经济社会状况，运用地理知识和综合思维，提出合理化建议，从而增强人地和谐共生的地理价值观和社会发展观。

第三节　地理学科体验课程实践案例评析

　　地理学科是研究地表事物及其内在原理、规律和秩序的科学，其核心素养强调人地协调、区域认知、综合思维和地理实践力，突显出地理学科的综合性、实践性和科学性特征。因此，开展基于地理核心素养的综合实践体验课程探索，是地理教学的要求和任务，有助于更好地践行地理核心素养，培养学生的地理关键能力、必备品格和创新精神。针对如何科学设计地理学科综合实践体验课程，切实提高学生地理实践力等问题，本章结合两个校内教师设计的教学案例，从选题角度、主题确立、课程结构、学习评价和整体效果五个维度进行评价和简要分析，供地理教师和研究者参考借鉴。

案例一："我和社区：坪山河湿地环境调查"综合体验课程设计

一、课程目标

　　（1）利用地图的三要素、经纬网定位、河流以及土地资源等知识制作坪山河湿地公园的环境地图，提高学生地图制作和运用的能力。

　　（2）以实地考察的方式进行社会实践活动，把七年级和八年级上册所学内容运用到生活实际中，让学生在增强社会实践能力的同时，感受到地理学科和社会生活息息相关。

（3）通过老师对湿地功能以及坪山河的地位的讲解，培养学生保护环境的意识，引导学生自愿成为环境问题的监督者和宣传者。

（4）通过对政府环境资源优化等措施的讲解，进一步培养学生关心时事、勇当家园小卫士的责任感，从而增强学生的民族自豪感以及爱国情怀。

二、学习目标

（1）通过绘制环境地图，学会将地图三要素等知识运用到实际操作中，理论联系实际，加深理解，学以致用。

（2）组织学生共同进行项目化学习，在一定程度上锻炼学生的动手能力、观察能力以及野外实践能力，同时团队共同完成地图制作，培养学生的团队合作意识和集体精神。

（3）在实践中感受湿地的功能，理解"地球之肾"的含义，意识到保护环境的重要性，体会国家政策的人文关怀，增强爱国情怀。

三、结构设计

表5-3-1　实践体验课程结构表

活动流程	任务要求
建立项目小组	在学习七年级上册第一章第三节"地图的阅读"时了解组成地图的要素分别是方向、比例尺、图例和注记，了解心象地图以及环境地图；进行分组，六人一组，一周之后确定分组名单
搜集资料	在学习到八年级上册第二章第三节"河流"充实地理知识的同时，通过网络搜索了解坪山河的资料，包括源头、流向、长度、流域面积、上游、中游、下游、湿地面积等；明确组内成员分工
方案设计	在学习八年级上册第三章第二节"土地资源"时，小组要完成设计方案，内容包括路线设计、考察地点重点、考察事物重点、测量方式、水质测量方法等方面

活动流程	任务要求
实地考察	在完成方案设计后，进行实地考察，主要观察湿地附近环境及水质，测量具体数据，用于环境地图的绘制
成果展示	在班上展示每个小组制作的环境地图，并派代表进行讲解，介绍在制作过程中遇到的困难及解决方法
总结反思	每个成员对自己项目过程中的表现进行总结和反思，并写成一份完整的自我评价表上交

四、教学过程

（一）情境引入

播放《湿地生命》纪录片，让学生了解我国湿地的分布概况和著名的湿地景点，并认识到湿地具有调节生态、支持生命、供给物质、孕育文化四大功能，引导学生思考人工湿地的意义以及坪山河湿地对环境的影响。

（二）知识讲解

制作地图需要地图三要素：方向、比例尺、图例和注记。环境地图中的图例可以使用个性化的图案，并且添加一定的数据图，对环境事物进行补充说明。

湿地具有调节生态、支持生命、供给物质、孕育文化四大功能，又被称为"地球之肾"，能净化水源。湿地可以分为人工湿地和自然湿地。

"环境地图"来自英文"Green-Map"，是象征环境的Green（绿色）和Map（地图）的合成词。它的特征是用世界统一的图形文字（GreenMap Icon）的表现形式，把那些对环境有益的场所，以及希望尽快消除的、对环境有害的场所用相关的标记符号制成一份地图。在1992年里约召开全球环境首脑会议期间，这一活动由来自美国纽约的环境设计者文蒂·布拉维尔女士（Wendy Brawer）首创。"环境地图"在美洲、欧洲、亚洲等洲的37个国家的190多个地区蓬勃展开。

制作环境地图的目的是从环境保护的角度重新审视身边的地理事物，形成新发现，从而增强参与者的环保意识，让其成为真正的监督者。学生通过制作坑梓社区的环境地图，增强了区域认知能力和地理实践力，有效提升了其地理学科核心素养。

（三）活动内容

1. 活动准备

了解环境地图的制作方法，以及需要收集的数据和材料；落实实地考察的地点及交通路线；准备测算距离和绘制草图的工具。

2. 活动过程

搭乘公共交通工具前往目的地；环视周围环境，分组环绕湿地公园，记录周围环境，测算距离；把周边主要地理事物添加到环境地图中；计算比例尺，制作草图。

（四）活动规则

1. 资料搜集

学生可以在网上搜集有关"地球之肾"的资料，也可以在课下与老师、同学进行交流讨论。

2. 材料来源

实验所需材料可在超市、网店购得，在项目评价中的参考成本一项进行统筹考虑。

3. 进度保证

建立项目小组，明确分工，合作完成项目方案的设计。

五、教学设计

（一）教学准备

学生：深圳市坪山区光祖中学初二学生。

地点：坪山河湿地公园。

（二）教学过程

表5-3-2　教学流程表

教学流程	教室活动
概念讲解	学生复习地图的三要素、制作地图的步骤；教师讲解湿地的作用和意义，环境地图的由来、概念、制作方法、目的和意义
注意事项	教师向学生说明野外实践的注意事项及考察要求，强调不单独行动
经纬定点	教师指导学生运用手机或GPS进行经纬定位
环视观察	教师指导学生对周围环境进行观察，比如周边的住宅区或工厂，包括来往的汽车数量等
环绕观察	教师带领各个小组成员环绕湿地公园进行观察，并和学生讲述政府相关的治理政策
检测水质	教师指导小组代表在岸上抽取湿地水样，通过看、闻等方式观测水体质量
绘制草图	教师指导学生利用手机软件或皮尺测算大概距离
成员整理	教师组织学生以小组形式集体总结研究，撰写探究报告

六、评价交流

表5-3-3　坪山河湿地环境考察项目评价表

评价指标	评价标准（优、良、中）	自评	互评
方案设计	优：能设计出详细的方案； 良：能设计比较详细的方案； 中：能设计出方案		
方案合理性	优：设计方案最合理； 良：设计方案比较合理； 中：设计方案一般		
活动工具	优：活动工具准备齐全； 良：活动工具准备比较齐全； 中：活动工具准备不齐全		

评价指标	评价标准（优、良、中）	自评	互评
小组分工	优：分工明确； 良：分工比较明确； 中：分工不明确		
成果展示	优：环境地图制作非常好； 良：环境地图制作比较好； 中：环境地图制作一般		
成本计算	优：成本低； 良：成本居中； 中：成本偏高		

七、反思总结

义务教育新课程标准颁布以来，自上而下，高度重视地理学科综合性和实践性教学的要求，地理核心素养为初中地理教学指明了方向和重点。其中，地理实践力是核心素养的重要内涵，要求地理教学应当突破常规教学空间限制，利用社区等资源，开展真实环境中的地理学习，引导学生在真实的生活情境中习得知识并运用知识解决真实问题。于是，各类地理综合实践课程纷纷展开。例如，自然环境主题的综合实践考察，让学生走进大自然开展实践调研；人文环境主题的参观，如集体参观展馆、企业等，让学生初步接触社会。但是，这些实践活动，由于缺少问题的引导和思考，难以达到生成知识和培养实践力的目的。因此，一线教师要不断探索地理实践课程的开发和实践，整合区域资源，切实开展基于地理实践力素养培养的综合实践体验课程活动。

笔者结合深圳市坪山区实际，探索综合实践体验课程的设计和实践。以坪山的母亲河——坪山河为真实情境，以绘制环境地图为最终任务，开展综合体验课程设计。让学生了解身边环境的同时，巩固初中地理学习的河流及生态环境知识，培养学生有意识地热爱和保护自然生态环境，培养学生的社会责任感。同时，这一课程设计的尝试，也为后续其他主题综合实践体验课程设计提供了策略和经验。

（一）地理综合实践课程的流程设计系统化

根据"我和社区：坪山河湿地环境调查"综合实践案例的设计和实施，以及对综合实践活动课程开发的文献研究，笔者认为基于地理实践力培养的综合实践活动设计，应当遵循以下步骤。

1. 明确教学目标

教学目标是整个综合实践体验课程的核心，活动各环节的设计都应该以教学目标为指向。教师需要研读新颁布的课程标准，梳理野外实践体验课程的教学主题和内容，并对学生能力进行层次划分，确保绝大多数学生能够合作或独立完成教学活动。

2. 确定教学内容，包括跨学科内容整合

在明确教学目标以后，要对教学目标进行拆解，确定学生需要用到的地图和技能有哪些。在野外考察前，先进行知识和能力训练，并指导学生提前准备好需要的地图和文字材料。对于跨学科的内容，要取得对应学科教师的合作与支持。

3. 科学选择实践探索场地

根据社区资源，选择符合教学目标的野外实践场地，比如在"河流生态"主题中，笔者选择了学校所在坪山区的母亲河作为野外考察对象，符合就近原则，学生出行便利，也符合"河流生态"部分的教学目标需要。坪山区对坪山河的治理卓有成效，值得学生关注和进行实践探究。

4. 优化活动任务及评价设计

教学活动与评价应当同时进行并与教学目标一一对应，这样一方面可以保证教学内容的落实，另一方面可以保证评价反馈及时准确，学生真正能够学有所成。但这需要配备足够的教师资源，以4~6人小组为单位进行指导和反馈。任务形式尽量避免纸笔测试，因为这将影响到学生的参与热情和投入度，导致野外考察实践失去真正的意义。应设置探究性问题和操作类问题，有效激发学生的参与度和积极性。

5. 合理搭建成果展示平台

搭建多层次的学生展示平台，让学生在实践考察中有获得感和成就感，学有所成，从而进一步激发学习实践探究欲望。例如，通过宣传橱窗作品展示、课堂展示汇报、成果评价或提案设计等形式，系统展示学生综合实践体验课程的成果。

（二）地理综合实践课程的社区资源整合优质化

在案例设计过程中，地理实践力的培养要注重自然地理、人文地理资源整合，特别是区域资源的发掘和整合利用。具体以就近为原则，从学生熟悉的身边环境开始，以激发学生综合思维，同时确保实践体验课程安全实施。区域资源十分丰富，需要进行实地考察，以地理学科逻辑进行清单式整合，融合跨学科知识，形成地理主导的综合学科实践体验课程。例如，自然地理类实践考察资源可以和物理、化学、生物学科融合，人文地理资源可以和语文、历史学科融合。采用多种策略整合优势资源，提升综合实践体验课程实效。

1. 网络资源的搜集

网络信息发达，在政府网站及旅游网站上都可以搜集到一个区域的旅游资源。这些旅游景点一般都经过资源开发，基础设施较为完备，是较理想的实践体验课程实施场地。

2. 地方志或统计年鉴搜索

在图书馆可查询到当地地方志及统计年鉴，获取准确数据和地方特色资源，为资源整合提供数据支持。

3. 规划馆和展览馆搜集

每个区都设有规划馆、传统地域特色资源展览馆等，这些也是野外实践考察资源获取的重要渠道。引导学生关注地方未来发展，了解自然、人文景观和文化传统资源，增强学生的社会参与感和归属感。

（三）地理综合实践课程育人价值可视化

地理实践力指人们在地理实验、社会调查、野外考察等地理实践活动中所具备的行动力和意志品质。地理实践力的培育，有助于学生在真实环境中运用恰当的地理实践知识和方式，观察和认识地理环境，体验和感悟人地关系，并在活动中做到知行合一、乐学善学、不畏困难，建立人地协调的正确价值观，实现地理实践育人价值的可视化。

地球是人类赖以生存的家园，大气、水、岩石和生物等都与人类生存和发展息息相关，保护环境和生态平衡是每个人的责任。培养学生地理实践力核心素养，就是要培养具有全球视野的世界公民。而综合实践活动由小及大，由近及远，培养学生整体看待世界的综合思维能力，使学生综合地、整体地看待和解决地理问题，彰显地理实践课程育人价值的可视化、最大化。

基于地理实践力和综合思维素养培养的综合实践体验课程的设计思路、资源整合策略和育人价值思考，还有待进一步探索、实践和总结，以实现学生地理素养和社会责任意识的同步发展。

参考文献

［1］中华人民共和国教育部.义务教育地理课程标准（2022年版）［M］.北京：北京师范大学出版社，2022.

［2］刘信.义务教育地理课程标准变化的教学启示［J］.中学地理教学参考，2023（19）：13-16.

［3］杜春华，尹曼力.基于"地理实践力"培养的初中地理课程设计——以大黑山地理实践课程为例［J］.辽宁教育，2022（3）：50-53.

案例评析

　　这个案例结合坪山河湿地环境调查，开展地理学习综合实践体验课程活动，属于爱国主义主题下的"热爱大好河山"范畴，同时，又是依托乡土地理资源设计的综合实践课程，具有综合性、实践性和可行性等鲜明特征。从学习内容上看，以地理学科综合学习为主体，融合了美术、语文等学科知识，选取乡土地理为切入口，进行地图学习的综合实践探究，彰显了"爱我坪山，光祖有我"的爱国主义情感。从课程设计上看，目标明确，任务具体，结构完整，流程清晰，并且安排了评价环节，体现了"学以致用，学用结合"的特点，为坪山河湿地保护提供了有效的参考依据，也体现了教、学、评一体化的新课改理念，是较为典型的基于学科特点和依托乡土地理为视角的规范的综合实践体验课程方案。

案例二："我和社区：龙田污水处理厂科学价值探究"综合实践体验课程设计

一、课程目标

　　（1）利用人教版九年级化学第四单元课题一"爱护水资源"和课题二"水的净化"相关知识，了解水资源现状。

　　（2）开展开放性人文社会实践活动，将知识更直观地呈现给学生，培养运用知识解决实际问题的能力。

　　（3）通过冲击力较大的主观认识，培养学生科学"三观"。

　　（4）提升学生的民族自豪感和对地球、对祖国的热爱之情。

二、学习目标

（1）实地调查龙田污水厂，了解坑梓水资源现状，增强学生节水意识。

（2）指导学生设计宣传册，锻炼实践动手能力，培养团队合作意识和集体精神。

（3）学习搜集资料，培养学生责任意识；团队协作完成调查报告，增强实践探究能力。

三、结构设计

表5-3-4　课程结构表

活动流程	任务及要求
建立项目小组	教师先向学生讲述全球水资源现状，再展示不同地区缺水和现实生活中浪费水的图片，使学生对水资源的使用现状有较深的认识，激起学生探究节约水资源和保护水资源的兴趣；组织学生分组，六人一组，一周之后确定分组名单，明确组内成员分工
实地调查	组织学生参观龙田污水处理厂，实地考察坑梓地区水资源使用现状，分组用图片、漫画、PPT、文档等形式呈现调查结果
制作宣传册	发动学生搜集网络资源，结合龙田污水处理厂的污水处理过程和水资源的使用现状，撰写节水宣传册
节水宣传	教师做好宣传册分发展示的场地联系等事宜；学生分工协作完成宣传册分发、展板布置等节水宣传工作
文献搜集	学生小组用两种途径来查阅文献资料：一是利用坪山图书馆，二是利用中国知网等权威网站，查阅水资源的使用现状、污水处理的更多方法、水资源保护措施等资料，形成节水报告
成果展示	利用学校的展板，展示学生小组实地探究考察、问卷调查等活动成果，提出生活实际问题
反思总结	每个成员对自己项目过程中的表现进行总结和反思，并写成一份完整的自我评价表

四、活动设计

（一）活动主题

参观龙田污水处理厂。

（二）教学准备

（1）联系龙田污水处理厂，安排学生参观事宜。

（2）组织学生有序参观龙田污水处理厂，分组收集资料。

（3）学生分组完成汇报课件。

（三）活动过程

第一个环节：情境引入

教师：水是地球上最普通的物质之一，不仅江河湖海含水，各种生物体内也都含有水。生命的孕育和维系需要水，人类的日常生活和工农业生产也离不开水。那么地球上究竟储备了多少水资源呢？

学生：地球表面约71%被水覆盖着，但是其中淡水很少，大部分是含盐量很高的海水。

教师：那么现在水资源的利用现状又是怎样的情况？

学生：随着社会的发展，一方面人类生活、生产的用水量不断增加，另一方面未经处理的工业废水、废物和生活污水的任意排放，以及农药、化肥的不合理施用等造成的水体污染，导致可利用水资源减少，使原本紧张的水资源更加紧张。

教师：纯水是无色、无味、清澈透明的液体。自然界的河水、湖水等天然水含有很多杂质，不溶性杂质使其浑浊，可溶性杂质则可能使其有气味或颜色。那么自然界的水能直接饮用吗？我们要经过哪些净水程序呢？

学生：不可以，净水厂通常采用沉淀、过滤和吸附的方法净化水。

第二个环节：知识讲解

在净水过程，第一步是沉降，加入絮凝剂明矾，吸附水中较大颗粒的杂质；第二步，利用反应沉淀池沉降分离；第三步，利用过滤池来分离不溶性的杂质；第四步，在吸附池中用活性炭进行吸附，不仅可以滤去水中的不溶性杂质，还可以吸附掉一些可溶性杂质，除去臭味；第五步，化学消毒、杀菌。

第三个环节：活动内容

参观龙田污水处理厂，结合所学知识，找出在书本上学到的沉淀池、过滤池、吸附池和清水池。通过观察，学习不同净水方法及其原理和作用，总结归纳，丰富宣传册的内容，最后小组汇报。

五、评价交流

表5-3-5 参观污水处理厂项目评价表

评价指标	评价标准（优、良、中）	自评	互评
探寻处理池	优：能找出所有学过的污水处理池； 良：能找出大部分学过的污水处理池； 中：能找出少部分学过的污水处理池		
制作宣传册	优：宣传册设计效果非常好； 良：宣传册设计效果较好； 中：宣传册设计效果一般		
实地探究	优：能有目的地进行考察并及时收集资料； 良：能较好地进行考察并收集资料； 中：实地考察和收集资料均较随意		
查阅资料	优：能收集到很多有用的资料； 良：能收集到较多有用的资料； 中：能收集到较少有用的资料		
质疑答惑	优：能完美地回答出所有问题； 良：能回答出所有问题； 中：能回答出一部分问题		
成果展示	优：能很好地解答和分享调查事宜； 良：能较好地解答和分享调查事宜； 中：解答和分享较少		

案例评析

　　这个案例是基于"我和社区"的区域认知角度设计的综合实践体验课程。它着眼于污水处理与自然环境、人类生活的关系，探究污水处理厂存在的价值，从地理学的高度看，就是人类如何与自然和谐相处，如何保护环境、美化环境，提高人居环境水平，属于爱国主义主题下的"爱祖国大好河山"的范畴，是结合其他学科（化学）开展的地理综合实践探究体验课程，角度新颖独特。在方案形式上，目标明确清晰，结构完整，过程扎实。课程增强了学生对水资源的认识和环境资源的保护意识，值得充分肯定。

案例三："客家围屋的文化价值探究"综合实践体验课程设计

一、课程目标

　　（1）探究坑梓客家围屋的文化内涵，学习保护客家围屋，传承客家文化精神。

　　（2）开展综合实践体验探究活动，引导学生运用知识解决文化保护传承问题，培养综合实践能力。

　　（3）培养学生的民族自豪感，增强家国情怀。

二、学习目标

　　（1）实地调查"大万世居""龙田世居"等建筑，了解客家围屋现状，感受客家围屋的建筑美，提升文化自信。

（2）学习问卷设计方法，小组合作完成问卷调查，培养学生合作意识和集体精神。

（3）合作完成上网搜集文献资料的任务，合作完成调查报告，提出保护围屋倡议，培养学生社会责任感。

三、结构设计

表5-3-6　课程结构表

活动流程	教师先向学生们讲述坑梓客家围屋的价值，再展示几座坑梓围屋破败的图片，使学生对坑梓围屋遭破坏的现象有较深的认识，激发学生探究客家围屋文化，了解围屋现状，提出保护和开发建议；组织学生分组，六人一组，一周之后确定分组名单并且组内成员分工明确
建立项目小组	组织学生参观"大万世居""龙田世居""新乔世居"等围屋，实地考察围屋现状，学生分组用图片、漫画、PPT、文档等形式呈现调查结果
实地调查	发动学生搜集网络资源，结合坑梓围屋现状设计问卷。问卷问题15道，包括14道选择题和1道文字建议题；问卷印刷500份
问卷设计	教师做好问卷调查的礼品准备、场地联系等事宜；学生分工协作完成问卷调查、回收及统计工作，组长完成统计小结
问卷调查	发放问卷，收集并统计分析数据，形成调查报告
查阅资料	学生小组用两种途径来查阅文献资料，一是利用坪山图书馆，二是利用中国知网等权威网站，查阅围屋的文化内涵、建筑价值、保护措施等资料，形成调查报告
成果展示	利用学校的展板，展示学生小组实地考察、问卷调查等活动资料，以及在活动中遇到的问题、获得的收获
反思总结	小组成员对自己项目过程中的表现进行总结和反思，并写成一份完整的自我评价表

四、活动设计

活动一：坑梓围屋现状调查

（一）教学准备

（1）联系"大万世居""龙田世居""新乔世居"村委会，安排学生参观事宜。

（2）组织学生有序参观各处世居，分组收集资料。

（3）学生分组完成汇报课件。

（二）活动过程

第一个环节：情境引入

坑梓有61处客家围屋，被称为散落在城市间的"遗珠"。客家围屋结合了汉族古朴遗风以及南部山区的地域文化特色，是中国五大民居特色建筑之一。

仔细查看坑梓镇中心区域客家围屋民居群的分布图，可以发现坑梓的客家围屋基本上都是沿着一条小河分布的。这条小河是龙岗河的一条支流，流经淡水而注入东江，名叫"九曲十三弯"，形容它蜿蜒曲折，而它还有一个有趣的名字叫作"阿婆叫坜"（叫：哭；坜：小溪）。关于这个名字有一个传说：客家黄氏始祖刚迁入坑梓时地多人少，到了春耕播种的时候，由于人手不足，大片农田无法及时播种，急得阿婆站在岸边大哭，于是这条无名的小河便有了这样一个颇具历史感的名字。

然而随着社会经济发展和城市化进程的加快，传统客家围屋的保护与经济发展的矛盾日益突出。客家围屋有的日益破败，有的改为出租房、门店，有的面临被拆迁的命运。这些现象非常让人惋惜。

第二个环节：学生展示

学生分组展示实地考察"大万世居""龙田世居""新乔世居"的资料，并派代表解说资料。

177

（1）"大万世居"组。

学生在实地探究学习中，抓住"大万世居"的建筑特点及文化内涵，有重点地观察、分析，探索其文化艺术内涵和民俗风情价值，如"天圆地方"的整体建筑风格、内部结构、环境风貌、牌楼文化、木雕艺术等。学生通过照片的形式呈现和分享实地探究成果，具有很强的直观性和鲜明的形象性，收到了很好的学习效果。

图5-3-1　"大万世居"的精美木雕

学生代表总结"大万世居"情况：

"大万世居"是曾姓家族生活和工作的地方，保留了客家人的许多珍贵的历史民俗遗物和文化精粹。身临其中，让人感受到浓郁的客家文化氛围，体验到客家人的生活习俗，可以说它承载的是一部客家近代史，是展现客家文化的"活化石"，对了解客家文化、源流和迁徙史有重大价值。这里曾居住着100多户人家，具有250多年的历史，由于围屋保存完好，具有较高的文化艺术价值。"大万世居"是深圳市重点文物保护单位，2002年被列为省级文物保护单位，并成立了"大万世居"客家民俗文化博物馆。

（2）"龙田世居"组。

"龙田世居"探究组抓住具有代表性的建筑特征进行研究探索，重点对大门牌匾、建筑院墙和整体布局结构等进行摄像并研究和分析，从中发现"龙田世居"的独到之处，并以照片的形式分享探究过程。在实践探究中，学生的综合思维、实践能力等都得到了很好的培养，家国情怀也得到了提升。

图5-3-2　"龙田世居"

学生代表总结"龙田世居"情况：

整体来看，"龙田世居"的保护较"大万世居"稍逊一筹，但仍颇有研究价值。总体的建筑结构完好，墙壁也有修缮的痕迹，并且留有人文活动迹象。围屋的生态环境也保持得较完善，可见，"龙田世居"已经得到一定的保护。

（3）"新乔世居"组。

"新乔世居"并没有特别突出的地方，但是该小组的学生也进行了认真细致的实地考察和采访调查，对该世居的现状进行了评估和分析，并且提出了更好地保护文化遗产的合理化建议。学生的社会责任意识、家国情怀得到了增强。

在实地探究的基础上，学生进行了探究总结：

总体来说，"新乔世居"是保护效果一般的一处客家围屋。这里住满了外来居民。许多原有的围屋被拆除重建新屋，墙体脆弱，居住危险；墙上青苔斑驳，年久失修；屋子在高楼大厦的夹缝中生存，亟待修缮保护。

第三个环节：学生交流

学生互相交流在实地考察中的收获、遇到的问题，并商量拟定下一步的活动方案。

活动二："坑梓市民对客家围屋的认识情况"调查问卷

（一）教学准备

（1）组织学生学习网络问卷设计方法，结合实地考察坑梓围屋的情况，模仿设计问卷。

（2）购买问卷活动小礼品。

（3）联系问卷调查活动地点：金田风华苑广场。

（二）活动过程

第一环节：分发问卷

学生分小组，向路人、门店分发问卷，请民众协助完成问卷调查，并赠送小礼品。

第二环节：问卷统计、分析

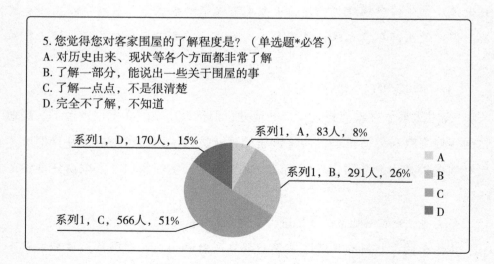

5.您觉得您对客家围屋的了解程度是？（单选题*必答）
A.对历史由来、现状等各个方面都非常了解
B.了解一部分，能说出一些关于围屋的事
C.了解一点点，不是很清楚
D.完全不了解，不知道

系列1，D，170人，15%
系列1，A，83人，8%
系列1，B，291人，26%
系列1，C，566人，51%

A
B
C
D

3.您有没有去客家围屋参观游玩过（单选题*必答）
   A.有   B.没有

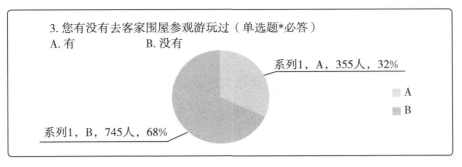

12.您认为谁应该承担客家围屋保护的主要责任？（单选题*必答）
   A.政府   B.客家围屋居住者
   C.新闻媒体   D.每一个人

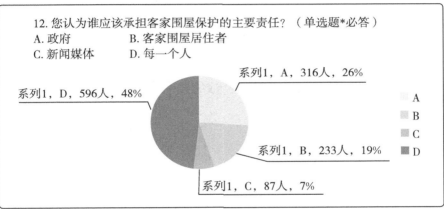

4.以下这些坑梓的客家围屋建筑您听说过几个？（单选题*必答）

龙湾世居	秀龄世居	龙田世居	新乔世居
长田世居	青排世居	盘龙世居	长隆围屋
廻龙世居	井水龙大屋	黄氏祠堂	秀山世居
吉龙世居	松子坑大屋	谦济堂	其他_____

   A.0～4个   B.5～8个
   C.9～12   D.13个以上

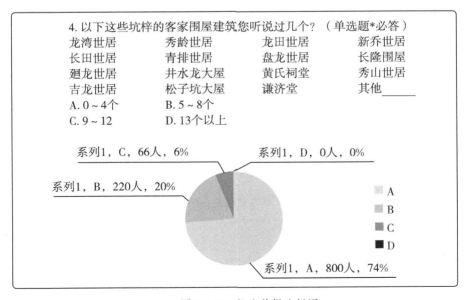

图5-3-3 部分数据分析图

学生团结协助，就数据分析进行小结。

组长发言：问卷调查一共有14道选择题，1道文字表达题。问题一共分为三大类别：一是调查市民对坑梓围屋的了解程度；二是调查市民对坑梓围屋保护和开放的态度；三是调查市民对坑梓围屋的保护和利用的建议。

从数据分析来看，大部分人对于客家围屋知之甚少，但我们也明白，这就是我们开展这次活动的缘由。市民一致认为要保护好客家围屋，但对于如何保护，大多数市民认为政府应加大保护力度；对于保护和开发的建议，大多数市民认同旅游开发，但也有部分市民认为不宜作为旅游景点开发，因为这样会破坏更为严重。

活动三：成果展示

（一）教学准备

（1）资料，喷绘成图。

（2）展板展示活动成果。

（二）活动过程

第一环节：成果展示

在学校展板展示课题相关内容。

第二环节：学生交流

学生分小组解答同学们在参观中提出的问题，交流在探究过程中遇到的问题、感悟与收获。

五、活动评价

表5-3-7　走进客家围屋探究活动评价表

评价指标	评价标准（优、良、中）	自评	互评
实地考察	优：能有目的地进行考察并及时收集资料； 良：能较好地进行考察并收集资料； 中：实地考察和收集资料均较随意		

评价指标	评价标准（优、良、中）	自评	互评
设计问卷	优：问卷题目设计优秀； 良：问卷题目设计较优秀； 中：问卷题目设计一般		
问卷调查	优：有礼貌地请民众帮助完成问卷； 良：较有礼貌地请民众帮助完成问卷； 中：仅能收回问卷		
查阅资料	优：能收集到很多有用的资料； 良：能收集到较多有用的资料； 中：仅能收集到一点儿有用的资料		
撰写报告	优：能尽职尽责地完成所负责的部分； 良：能较好地完成所负责的部分； 中：仅能完成一点儿所负责的部分		
成果展示	优：能很好地解答和分享调查事宜； 良：能较好地解答和分享调查事宜； 中：解答和分享较少		

案例评析

　　人文景观是地理学研究的重要组成部分，蕴含着丰厚的地方文化和民俗风情内涵，值得深入学习和探究。本课程设计方案属于爱国主义主题下的"爱祖国灿烂文化"的范畴，具体属于中华优秀传统文化的组成部分。从课程设计角度看，是基于乡土地理资源和借助其他学科开展的地理综合实践体验课程的活动方案，对于弘扬传统文化，保护客家建筑、民俗文化具有很强的现实意义。课程方案目标定位准确，过程具体扎实，图文并茂，融合评价，彰显了地理实践力和综合思维核心素养的培养，有助于培养学生文化自信，是践行跨学科学习，教、学、评一致性等新课程理念的典型课例，值得借鉴和学习。

附　录

"基于核心素养的爱国主义体验课程实践研究
——以地理等学科教学为例"开题报告

一、研究背景

（一）爱国主义是时代发展的主旋律

习近平总书记强调，爱国主义始终是激昂的主旋律，始终是激励我国各族人民自强不息的强大力量，爱国主义始终是把中华民族坚强团结在一起的精神力量。爱国主义是中华民族最为深厚的历史情感，是我们国家和民族自立自强的强大精神动力，是凝聚和鼓舞各族人民团结奋斗的一面旗帜。爱国主义教育是一项国民基本素质教育，能够引导社会正确发展，带领人民走向富强。学校作为教育的主要场所，肩负着传播爱国主义精神的任务，要将爱国主义思想渗透到学校课程的方方面面，在实践中培养学生正确的爱国意识。

（二）课程改革的新要求

校本课程是我国课程改革的重要组成部分，不仅能促进学校的发展，还会对学生的能力和品格发展产生不可忽视的影响。作为基础教育的重要阶段，中学教育应承担起培养"全面发展的人"的任务。学生核心素养的发展也对中学的课程教学提出了新的要求，需要学校通过不同学科课程培养学生的核心素养。因此，应结合学生核心素养的特点，对中学课程内容与结构进行调整，考虑学生的具体因素，遵循学生身心发展规律，在体验式课程中有针对性地提高学生能力。

（三）充分挖掘和利用学校红色资源

光祖中学是一所百年老校，其前身为光祖学堂，始建于1906年。学校的办学理念是"家国之光"，强调兴学育才，为国争光。随着时代的发展，学校建设者将传统的"家国之光"办学理念注入新的内容，挖掘深厚的百年文化底蕴，"以史育人、以史立人"，探索德育的新道路，着力打造"人文校园、和谐校园、活力校园"。为更好地促进本校德育的发展，传承和贯彻"家国之光"的办学理念，需要开发一套合适的校本课程。

二、研究现状

（一）国内研究现状

为把握爱国主义体验课程开发与实施的国内研究现状，采用文献计量法、聚类分析以及多维尺度分析的方法对所收集到的文献进行量化分析。笔者以"爱国主义"和"课程开发"为检索词在期刊库中进行精确检索，检索结果显示，至2018年4月，共有395篇相关期刊论文。将期刊论文的题名、文献来源、发表年度和关键词共4项数据下载至数据统计软件中，进行数据分析后，发现了这一主题的研究规律与热点趋势。

1. 文献的数量分析

首先，对检索到的395篇期刊论文中年份这一项的标引数据进行透视分析，结果如下：

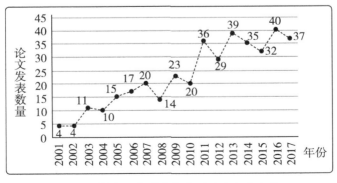

附图1　相关主题期刊论文年产出量

分析附图1可知，2001年至2017年，期刊论文的发表数量虽有所波动，但整体呈上升趋势。其中2001年始发表了4篇论文，到2003年增长到了11篇；2013和2016年论文产出量最多；从2008年到2013年，关于爱国主义课程的论文数量增速最快，2013年至2017年增长速度则明显放缓。以上几点说明，2001年至2008年期间为研究的初步发展阶段，研究较少；2008年之后为显著发展期，学者们对这一主题有较高的关注度。由此可见，爱国主义课程开发是教育界研究的热点，有继续探索的必要。

2. 关键词的聚类分析

为进一步研究，对395篇学术和学位论文的关键词进行词频统计，发现它们共使用关键词1911个，不同关键词个数为1247个。进行关键词共词分析，筛选出32个高频关键词（所有论文中出现频率较高的词），利用SPSS统计工具中的聚类分析与多维尺度分析绘制高频关键词树状图（附图2）与知识图谱（附图3），分析这一主题的研究前沿问题与热点。

从附图2可以清楚看出爱国主义教育的研究热点在于以下几个方面：

（1）关于学校办学理念和办学特色的研究，包含高频关键词"爱国主义教育""办学理念""创新""办学特色"。其中"办学理念"与"办学特色"是学校在长期的教育实践活动过程中，遵循教育规律，结合学校发展的实际情况，形成的独特的办学风貌或教育风格，受校长的办学价值观念和教师的教学水平影响。基于时代变革的呼唤、课程改革的发展、素质教育的要求，爱国主义教育与创新精神成为新时代中小学办学的价值取向。

（2）关于学校的校园文化与校本课程建设的研究，包含高频关键词"校园文化""红色文化""校本课程""学校""民族团结""爱国主义"。校园文化是学校最本质与最重要的特色，校本课程是学校知识与文化的整合，是学校的文化资本，反映了学校深厚的教育底蕴。校园文化作为学校教育的重要影响力量，是学校教育的隐形课程，以其独特的方式改变学校的文化氛围，陶冶学生的情操，促进学生的全面发展。新时代"立德树人"的教育理念要求学校要加强学生的思想道德教育。

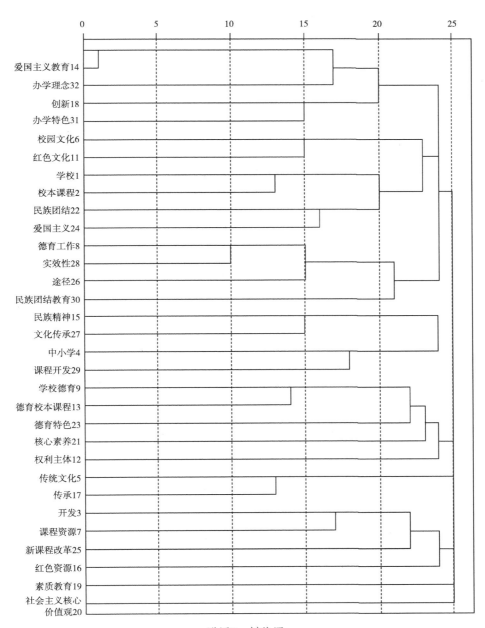

附图2　树状图

　　弘扬社会主义核心价值观，传承革命精神，要深入挖掘红色文化的价值，将红色文化中的爱国主义、集体主义、艰苦奋斗、顽强拼搏等精神渗透到课程中，丰富课程内容，对学生进行道德品质教育与思想政治教育。现有研究有赵珑的《红色文化校本课程开发的价值及其实现途径》、谢爱林的《论苏区红色文化的现代教育意义》、丁凤云的《依托沂蒙红色文化推进社会主义核心价值观教育》等。说明这一研究是现今学者们关注的热点。

　　（3）关于学校教育中民族精神与文化传承的研究。主要包含"民族精神""文化传承"两个关键词。民族精神是民族特有的精神力量和风貌，是经历长期历史发展形成的，并不断添加新的内容。习近平总书记强调，"中国梦"是21世纪中华人民的共同愿景，"中国梦"的实现离不开中国精神，只有凝聚以爱国主义为核心的民族精神，才能实现中华民族伟大复兴。因此，弘扬民族精神与进行文化传承是学校文化建设的关键，是树立民族历史责任感、民族自豪感的根本。随着外来文化的不断传入和多元文化的相互交流，如何在多元文化共同发展中坚守本民族文化成为当今的热点问题，许多学者专注于学校弘扬民族精神与传承民族文化的途径研究。

　　（4）关于学校德育建设与培养核心素养的研究。包含高频关键词"学校德育""德育校本课程""德育特色""核心素养""权利主体"。教育部于2016年9月颁布了《中国学生发展核心素养》的框架体系，强调培养全面发展的人，提出发展的三个内涵：文化基础、自主发展与社会参与。学生的核心素养可以由教育加以引导，由教学加以培养，具有一定的可教性。德育作为引导学生核心素养发展的重要途径，是教育界研究的重点，学校德育课程的建设、德育校本课程的开发与实施、学校的德育特色等是研究的前沿方向。

　　（5）关于课程改革与课程开发的研究。包含高频关键词"开发""课程资源""新课程改革""红色资源"。红色资源是中国独特的教育资源，具有革命意义，是进行世界观、人生观、价值观教育的有力手段。利用红色资源进行课程开发体现了课程的政治性、时代性、体验性与包容性，其核心目标是为了进行情感态度的教育，使革命精神与人文精神深入人心。这种课程开发形式以学生发展为起点，传播传统美德与爱国情怀，是促进学生综合素质发展的重要路径。主要有张泰城的《论红色资源的课程教学》、邹小宜的《红色课程资源的开发和利用——以湘西地区为例》、徐魁峰的《开展红色体验教学提升思政课程魅力——以百色起义红色资源为例》等研究成果。

3. 知识图谱的分析

为了进一步考察热点之间的联系，需要通过SPSS统计工具绘制知识图谱。知识图谱能够对研究的内容进行全面解释和分析：学科的国内外发展趋势、研究进展、热点与前沿动态等。运用知识图谱能够发现研究热点之间的联系，使研究逻辑更为清晰。

在附图3所示的高频关键词共词知识图谱中，将32个高频关键词划分为三个研究群体，每个群体中关键词的紧密程度反映其相关程度。三个研究群体分布在图中的四个象限当中，第一个研究群体位于第一象限之中，关键词联系较为紧密，涉及热点一、五的内容，即学校办学理念和办学特色与红色资源课程开发关系密切，可作为整体进行研究；第二个研究群体位于第二、三象限，关键词较为分散，涉及热点二、四的内容，说明学校的校园文化与校本课程建设和德育建设与培养核心素养具有研究相关性；第三个研究群体横跨三、四象限，关键词较多，涵盖内容丰富，包含关键词"爱国主义""民族精神""德育校本课程""办学理念"，说明热点之间具有相关性，在讨论时需要考虑研究的全局性。

基于以上分析，国内的研究现状主要反映在五个研究热点中，以德育工作、学校办学理念、办学特色、学生核心素养的培养、校园文化以及开发利用红色资源建设课程等内容为主，研究力度不断加大，论文发表数量逐年增多，说明研究较为丰富，且理论研究居多。

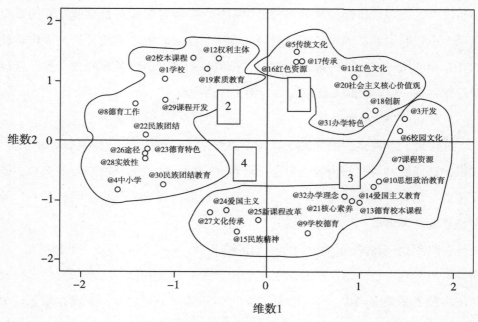

附图3　高频关键词共词知识图谱

（二）国外研究现状

关于爱国主义教育的国外研究文献主要来源于美国教育资源研究中心的ERIC数据库（Education Resources Information Center），以"education in patriotism"为关键词，检索出497篇相关文献。

基于这些文献分析，发现国外学者们对爱国主义的研究主要集中在爱国主义词源分析、爱国主义教育研究、爱国主义的比较研究、爱国主义的内涵研究以及爱国主义的史学研究，从心理学、社会学和哲学等研究视角进行剖析。以这些研究为切入点了解国外关于爱国主义课程的研究。研究较早的有莫里斯·阿居隆（Maurice Agulhon）的爱国主义的词源分析研究；拉尔夫·泰勒（Ralph W. Tyler）的爱国主义内涵研究；侯塞尔（Housel）的爱国主义史学研究等。在ERIC数据库中发现，Rapoport，Anatoli专注于中学阶段公民教育的研究；Chua，Shuyi致力于批判性爱国主义的研究；Altikulaç，Ali关注爱国主义与全球意识的研究等。根据这些研究，可以发现各个国家的爱国主义发展状况。

三、总体框架和基本内容、拟达到的目标（阶段性目标及总体目标）

（一）核心概念界定

1. 核心素养

素养，意思是素质的养成，具有多层次含义，指能力、知识、情感态度、道德品质等要素能够在后天环境中形成并对人的身心发挥作用。"核心素养"这一概念源于西方，英文是"key competences"，是对个人态度、技能和知识的指南。关于核心素养的定义，教育界有不同的看法。

联合国教科文组织认为核心素养为个人获取更好的生存机会，社会实现健康运行不可或缺的素养；经合组织认为，核心素养是在特定情境中，通过利用和调动心理社会资源以满足复杂需要的能力。

2014年教育部《关于全面深化课程改革落实立德树人根本任务的意见》（以下简称《意见》）对于"核心素养"的界定是"学生应具备的适应终身发展和社会发展需要的必备品格和关键能力，突出强调个人修养、社会关爱、家国情怀，更加注重自主发展、合作参与、创新实践"。

本研究认为"核心素养"具体指义务教育新课程标准提出的学科核心素养的内涵，以学科核心素养培养为导向，充分发挥学科课程的育人功能，培养和发展学生的必备能力和关键品格，特别是培养学生的爱国主义情怀，不断增强个人修养、社会责任和家国情怀意识，实现自主发展、合作探究和创新实践。

2. 爱国主义

关于爱国主义的概念界定，很多辞典有不同的分析，国内外学者们也存在不同的看法。

附表1　概念总结

辞典	概念界定
《韦伯斯特大词典》	对国家的热爱或奉献
《简明牛津政治辞典》	对祖国的热爱或保卫祖国利益的热情，但不一定会形成具体行动
《大英百科全书》	为保存、保护以及传播一国的传统与价值观
《辞海》	历史地形成的热爱和忠诚自己祖国的思想、感情和行为。是对待祖国的一种政治原则和道德原则。它的具体内容取决于一定的历史条件。剥削阶级的爱国主义，带有阶级的局限性，但在一定条件下也有积极意义。无产阶级的爱国主义同国际主义相结合。在中国现阶段，爱国主义同社会主义有机地统一于建设中国特色社会主义的实践中。要求发扬自尊、自信、自强的民族精神，以贡献全部力量建设和保卫社会主义祖国为最大光荣，以损害国家利益、国家尊严为最大耻辱，维护国家主权，实现祖国统一

附表2　国内外学者观点

国内外主要代表学者	主要观点
法国　孔佩雷 （Compayre，G.）	爱国主义首先在于热爱自己的国家，即希望国家幸福、自由并受到他国敬重。爱国主义其次在于竭尽所能以保障国家的幸福和伟大
美国　拉尔夫·泰勒 （Ralph W. Tyler）	爱国主义是对基于某些价值的历史共同体的一种共同的认同
俄国　列宁 （原名弗拉基米尔·伊里奇·乌里扬诺夫，1995）	爱国主义是由于千百年来各自的祖国彼此隔离而形成的一种极其深厚的感情
中国　潘亚玲 （2006）	爱国主义有三个层面的含义：个人对国家的热爱，涉其价值判断；是由祖国及其所代表的价值观念所激发的；并以对其国家与同胞的福祉的特殊关切的形式表现出来
中国　吴潜涛，杨峻岭 （2011）	爱国主义情感，是个人对祖国依赖关系的反映，是基于人们对祖国价值的全面认同而产生的一种肯定性心理倾向，它涉及祖国的一切要素，体现为人们对于自己祖国的整体之爱

本研究基于中学教育的立场，采用吴潜涛、杨峻岭的观点，认为爱国主义表现为个人对祖国的热爱，对本民族历史文化、风土人情、风俗习惯以及骨肉同胞、祖宗先辈的热爱，对祖国领土主权、社会制度的维护等，具有自然性、民族性、政治性和阶级性特点。

3. 爱国主义教育内涵与要求

爱国主义是指个人或集体对祖国的一种积极和支持的态度，揭示了个人对祖国的依存关系，是人们对自己家园以及民族和文化的归属感、认同感、尊严感与荣誉感的统一。集中表现为民族自尊心和民族自信心，为保卫祖国和争取祖国的独立富强而献身的奋斗精神。

爱国主义思想落实到学校爱国主义教育体验实践活动，可以从以下几个方面去设计和实施。

（1）"爱祖国人民"。热爱祖国各民族，为民族团结和发展做出贡献。具体表现为具有为人民服务的思想，有社会责任感、使命感，有民族自尊心和自豪感，有服务社会、他人，扶贫帮困，为营造和谐社会和美好生活尽到个人最大的努力。

（2）"爱祖国大好河山"。祖国地大物博，高山大川，江河湖海，自然景观美不胜收，名胜古迹，比比皆是，人文景观丰富多彩。大到美丽中国建设、自然生态建设，小到身边环境的保护和美化，都是每一个中国公民的责任和义务。观赏、了解、热爱、珍惜和保护祖国的大好河山、自然环境和人文环境，就是热爱祖国的集中体现。

（3）"爱祖国灿烂文化"。包括中国革命文化、中华优秀传统文化和社会主义先进文化等丰富内涵。学习、理解、传承和弘扬这些优秀的文化，就是爱国主义的具体表现。

（4）"爱国家"。热爱国家的政治、经济制度，自觉培养社会主义核心价值观，热爱中国的国旗、国徽、国歌等国家标志性的事物，充满爱国情怀；热爱家庭家人，尊老爱幼，传承良好家训、家风，建设和谐家庭、幸福家园。这些都是爱国主义的具体行为和标志。

爱国主义教育是指根据一定的时代与社会需要，通过一定的教育内容、方法与途径对受教育者进行有组织、有目的、有计划的爱国主义思想教育，是一种培养人民爱国主义情感，培养爱国主义情怀的教育。

4. 体验课程

"体验"一词在《现代汉语词典》中的解释："通过实践来认识周围的事物；亲身经历。"在教育学中，朱小蔓教授把体验视为一种特殊活动，是一种主动体验的过程；张华教授认为体验是立足于精神世界，立足于人、自然和社会整体有机统一的"存在界"，是意义的建构、存在的澄明、价值的生成，指向于对世界的理解和超越。

关于体验课程的概念，张华教授认为体验课程开发的向度指向自我、自然、社会以及文化。通过体验课程的学习，学习者能够在自我、自然、社会以及文化维度上获得相应的观念认识，并且在指向自我、自然、社会以及文化上获取更加丰富的经历和经验。基于张华教授对体验课程的理解，本研究将体验课程界定为：在自然教育情境中能够为学习者提供丰富的经历和经验，使学习者获得对自我、自然与社会的认识，并通过体验课程获得情感和观念的认识的课程。

（二）总体框架

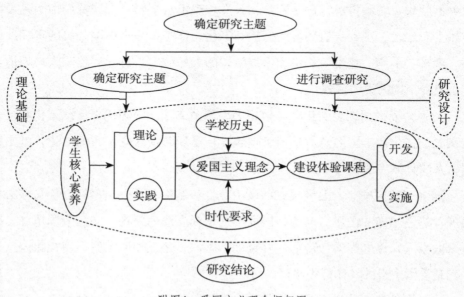

附图4　爱国主义理念框架图

（三）研究内容

第一部分是对本研究理论基础的解读与拓展，明确爱国主义体验课程开发的意义性、价值取向等。

第二部分是对本研究的国内外背景的分析，主要从国内外爱国主义教育研究的总体状况及校本课程开发总体情况进行分析。

第三部分是进行校本课程的开发，首先对学生学习与教师教学的水平进行调查，再根据实际情况开发课程，主要涉及课程设计、教学设计等内容。

第四部分是进行校本课程的投入使用，并进行课程应用评价，分析课程开发的不足之处，作为后续研究的依据。

（四）研究目标

（1）为了贯彻学校教育理念，形成学校特色，建设以爱国主义为核心的校园文化。

（2）生活与实践是教学的源泉，教学需要回归生活与实践，教学过程应充分重视学生的生活体验和感悟，注重学生德行的养成，帮助学生树立全面、正确的世界观和养成良好的道德修养，并培养学生的核心素养。

（3）将爱国主义理念渗透到各学科教学之中，完善教学体系，发挥课程在育人与文化传承中的作用。

四、拟突破的重点、拟解决的关键问题及主要创新之处

（一）拟突破的重点

重点探索核心素养背景下的爱国主义体验课程开发。

（二）拟解决的关键问题

（1）融入爱国主义教学的学科综合实践课程建设的理论基础模糊。

（2）基于核心素养培养的学科综合体验课程实践模式和框架缺失。

（3）践行学科新课程标准的课堂教学设计思路和策略有待探索。

（4）将爱国主义与新课程理念融合实施的体验课程建设经验较少。

（三）主要创新之处

（1）突破传统学科课堂模式建构的惯性思维，创新课程建设路径。

（2）梳理形成完整清晰的学科综合实践体验课程建构的理论基础。

（3）探索建构融入核心素养与爱国主义教育的新型综合实践体验课程模式。

（4）为深化学科核心素养和践行新课程理念提供课程建设的有效经验。

五、本项目的研究方法和研究手段、研究计划

（一）研究方法

1. 文献研究法

查阅与本研究主题相关的书籍、报纸杂志、论文、统计资料、调查研究报告及官方文件等各种形式的资料，借鉴该领域中已经存在的理论成果，并了解现阶段该领域的研究水平，使自己的研究具有针对性。通过文献计量法梳理了国内外学者对这一研究的研究现状，得到了当前研究的五大热点主题，并对热点主题进行了关系分析，为本课题提供支持。

2. 调查研究法

调查研究法具有针对性、时效性、真实性的优点。本课题采用多种方式展开调查研究，如专家座谈会、教师访谈等，同时也了解本校教师发展的状况以及学生学习的需求，从而为体验式课程的设计提供具体实践依据。

3. 个案研究法

指对某一个体、某一群体或某一组织在较长时间里连续进行调查，从而研究其行为发展变化的全过程，这种研究方法也称为案例研究法。本项目将我校作为具体研究的对象，通过调查学生学习与教师教学的现状，开发和实施适合我校的校本课程。

4. 行动研究法

在行动中研究，发现问题及时调整方向和行动，再研究，再行动，如此循环反复，使课题研究逐步深化，最终达成研究目的。

（二）研究阶段和实施步骤

1. 研究阶段

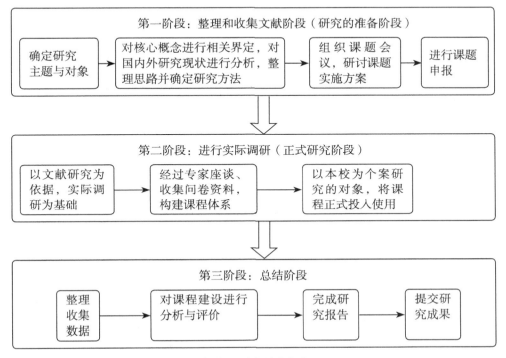

附图5　研究阶段框架

2. 实施步骤

本课题研究首先进行文献的收集与整理，明确研究的问题与研究的对象，再进行相关的调查研究，最后得出研究结论。严格按照"文献整理—课题论证—制定研究方案—调查研究—研究结论—研究成果"的程序进行。

3. 预期成果

（1）结题报告1份。

（2）核心期刊发表论文2篇以上。

（3）学科综合实践体验课程案例8个以上。

（4）出版专著1部——《基于核心素养的爱国主义体验课程实践研究——以地理等学科教学为例》。

六、负责人前期研究基础

主持学校全面工作的负责人，是全国首届教育硕士、省骨干教师、地级市学科带头人，研究方向为教育管理，具有较好的教育教学研究能力。

学校目前正在围绕这一研究主题开展深圳市坪山区重大教育教学改革项目，聘请深圳市教育科研专家张兆芹工作室作为课题研究顾问，举全校之力进行改革，已举办了两次相关成果展示，得到区主管部门的高度肯定，具有一定的学术影响力。

近年来负责人主要主持了市级重点课题"地理教学三维目标的研究与实践"，区级重大教学改革项目"自主互助课堂教学改革"，作为核心成员参与了省级课题"基于生命哲学的高中整体改革实验研究"；《选修教材实施的情况综述》发表于《地理教学》；参与广东省地理新课程教学案例编写，其中"台风"一课入选案例集。

负责人已进行课题前期研究，已有大量成果和深入思考，可以保证研究质量，也积累了大量理论资料与教学实践资料，可保障研究顺利开展，也有充分的时间专心进行本课题的研究。作为学校负责人，能有效调动全校之力做好研究，具有良好的科研管理条件和信誉。